Hans Freudenberg (Hg.)

Religionsunterricht praktisch – 4. Schuljahr

8. Auflage

Vandenhoeck & Ruprecht

Religionsunterricht praktisch
Unterrichtsentwürfe und Arbeitshilfen für die Grundschule

Unter Mitarbeit von
Christel Arens, Doris Becker, Gisa Bonmann, Gerhard Finger, Sabine und Hans Freudenberg, Elke Grothe, Dorita Haghgu, Inge Hofmann, Martina Hoppe, Ingrid Horschler, Dörte Kalies, Martina Kamm, Irene Kampmann, Hannelene Knepper, Eleonore Köster, Hilde Korthaus, Ellen und Siegfried Krüger, Bärbel Kuhlmann, Ute Langewellpott, Martina Langner, Isolde Mühl, Wilma Neugebauer, Inge Niemeier, Inga Pfeifer, Ulrike Pinnow, Peter Rasmus, Harald Rörentrop, Brigitte Roth, Barbara Schauwecker, Gisela Schubert, Ute Schulze-Selmig, Juliane Schumacher, Ingeborg Schwiebert, Anita Stäubler, Kurt-Heinz Stange, Ursula Steffen, Ilona Thiel, Herma Vittinghoff, Beate Voges, Helga Westerholz, Susanne Woltering sowie Karlo Meyer (Religionen)

Religionspädagogische Beratung: Siegfried Macht, Bayreuth
Illustrationen: Rebecca Meyer

Kopiervorlagen, DIN A4, mit 53 Abbildungen

Bibliographische Information der Deutschen Nationalbibliothek

Die Deutsche Nationalbibliothek verzeichnet diese Publikation
in der Deutschen Nationalbibliografie; detaillierte bibliografische Daten sind
im Internet über http://dnb.d-nb.de abrufbar.

ISBN 978-3-525-77646-9

Printed in Germany.
Satz: textformat, Göttingen
Druck und Bindung: ⊕ Hubert & Co, Göttingen

Gedruckt auf alterungsbeständigem Papier.

Inhalt

Ein Vorschlag zur Stoffverteilung im Schuljahr

Abfolge	Alternative
Schulanfang bis Herbstferien	
C. Schöpfung als Geschenk und Aufgabe D. Noah, die Arche und der Regenbogen: Leben kann noch einmal beginnen	A. Frieden säen – Hoffnung ernten H. Moschee und Kirche: Orte des Glaubens
Herbstferien bis Weihnachten	
A. Frieden säen – Hoffnung ernten E. Weihnachten: „… und Friede auf Erden“	B. Die Welt als gemeinsames Haus für alle: Miteinander leben – miteinander teilen E. Weihnachten: „… und Friede auf Erden“
Weihnachten bis Ostern	
B. Die Welt als gemeinsames Haus für alle: Miteinander leben – miteinander teilen F. Tod und Auferstehung Jesu: Leben wird es geben	C. Schöpfung als Geschenk und Aufgabe F. Tod und Auferstehung Jesu: Leben wird es geben
Ostern bis Schuljahrsende	
G. Taufe – Wasser des Lebens I. Die Prophetenbücher: Jona – Ninive soll leben H. Moschee und Kirche: Orte des Glaubens	G. Taufe – Wasser des Lebens D. Noah, die Arche und der Regenbogen: Leben kann noch einmal beginnen I. Die Prophetenbücher: Jona – Ninive soll leben

Vorwort des Herausgebers

„Die Entwürfe der Reihe RU PRAKTISCH verdanken ihre Entstehung der Praxis des Religionsunterrichts und der Lehrerfortbildung" – so beschrieben wir zur Geburtsstunde des Markenzeichens RU PRAKTISCH unser Konzept. So ist es seinen Weg gegangen in viele Schulen und unzählige Lehrerhände. Kompetenz und Praxisnähe stehen für ein Erfolgskonzept, das bis heute viel kopiert, aber nie übertroffen wurde. Und die ungebrochene Zustimmung der Kolleginnen und Kollegen legte es nahe, RU PRAKTISCH weiterleben zu lassen.

Dazu bedurfte es verschiedener Anpassungen: an die moderne Religionspädagogik, vor allem an die Kompetenzorientierung, an die aktuellen Curricula, an neue Seh- und Mediengewohnheiten. Im Kern aber ist RU PRAKTISCH sich treu: Geboten werden erprobte Materialien und Bausteine, die

- elementare Inhalte der jüdisch-christlichen Tradition und des Glaubens thematisieren;
- in gleicher Weise lebens- wie sachorientierend sind;
- die Vielstimmigkeit der religiösen Überlieferung (Bibel), der religiösen Sprache (Psalmen, Gleichnisse, Lieder etc.) und der religiösen Praxis (Feste, Feiern, Gottesdienst, Rituale, Diakonie, Biografien etc.) aufschliessen helfen;
- die handlungsorientiert, ganzheitlich-sinnenhaft und in methodischer Vielfalt dazu anregen, „Sachen zu klären und Personen zu stärken" (Hartmut von Hentig).

Auch die Neuauflage von RU PRAKTISCH wünscht sich Lehrerinnen und Lehrer, die sich durch die folgenden Entwürfe angeregt und entlastet fühlen – angeregt auch zu eigenen standortbezogenen Modifikationen – und die ihre Arbeit im RU unter dem Anspruch sehen: „Lehren heißt zeigen, was man liebt" (Fulbert Steffensky).

Hans Freudenberg, Unna, im März 2010

Zur Neuauflage

Gutes und Bewährtes noch besser zu machen ist ein hoher Anspruch – im Wesentlichen geht es ums Aktualisieren. Was ist im Einzelnen geschehen?

Neu ist zunächst die Gliederung. Die meisten Curricula fordern eine Mischung von Bausteinen (Unterrichtseinheiten), die – einander überschneidend und ergänzend – in folgenden Bereichen religiösen Wissens und Könnens kompetent, d.h. auskunfts- und handlungsfähig machen: Mensch, Welt, Gott, Jesus Christus, Kirche, Religionen, Bibel. Daraus ergibt sich die neue Grobstruktur, in die sich die einzelnen Bausteine einfügen. Dabei sind in den Bereichen „Religionen", „Kirche" und „Projekt Bibel" völlig neue Bausteine ergänzt worden.

Jeder Baustein gliedert sich in vier Abschnitte: 1. Theologische und didaktische Aspekte; 2. Kompetenzen und Ziele; 3. Verlaufsplanung – sowie (ohne Ziffer) die Materialien. Die entscheidende Neuerung betrifft Abschnitt 2:

Der Fokus liegt auf prozess- und ergebnisorientierten Kompetenzen: „Was sollen die Kinder am Ende können (was sie vorher nicht konnten)? Sie „kennen" nicht nur, sie „können" – erzählen, erklären, vergleichen, werten, gestalten …; dies wird so konkret wie möglich und in Übereinstimmung mit den Anforderungen der Curricula formuliert.

Der Tatsache, dass es unterschiedliche Kompetenzverständnisse in den verschiedenen Bundesländern gibt, trägt das neue RU PRAKTISCH dadurch Rechnung, dass es die Lernerfolge der Kinder doppelt beschreibt: zum einen verbal (s.o.), zum anderen nominal: als Sachkompetenz, Selbstkompetenz, soziale, kommunikative, Sprach-, Dialog- oder Urteilskompetenz – wohl wissend, dass diese Kategorien immer nur einen Ausschnitt komplexer religiöser Kompetenz bezeichnen.

Neue Wege geht RU PRAKTISCH bei der Präsentation von Bibeltexten: Es macht keinen Erzählvorschlag mehr (der dann doch eher selten zur Persönlichkeit der Erzählenden passt), sondern gibt ein Erzählgerüst vor („Szenen"), das nach individueller Erzähllust und im engen Kontakt mit der Lerngruppe ausgestaltet werden kann. Auch der Einsatz von Lege- oder Biegefiguren (z.B. EGLI) ist denkbar.

Dabei ist es wichtig, dass bestimmte inhaltliche Standards beachtet werden. Diese entfaltet ein „Blitzkurs Biblisch Erzählen" im Anschluss an dieses Vorwort. Zu jedem Baustein, der mit biblischen Geschichten arbeitet, gibt es außerdem in einem gesonderten Abschnitt „Biblisch erzählen" Hinweise auf die Besonderheiten der Texte und Inhalte.

Das neue RU PRAKTISCH bringt Farbe in Ihren Unterricht: Die Materialien etwa zu Themen wie „Schöpfung" oder „religiöse Praxis" bedürfen der Lebendigkeit lebensnaher Bilder. Fotos, die im Materialteil kopierfähig, und das heißt: schwarz-weiß, abgedruckt sind, sind in Farbe und projizierbar als Zusatzmaterial erhältlich: Beachten Sie die Download-Angebote im Webshop www.v-r-schule.de: RELIGIONSUNTERRICHT PRAKTISCH – Bilder. Auch Schablonen und Zeichnungen aus dem Buch sind hier digital abrufbar und können als DIN A4-Vorlagen ausgedruckt werden.

Sie finden im Buch den Hinweis V&R Download; er bezeichnet die verfügbaren Zusatzmaterialien (RU PRAKTISCH – Bilder 4. 4. Schuljahr, ISBN 3-647-90006-3).

Zu den Bänden 1–4 erscheint eine Doppel-CD mit Liedern.

Blitzkurs Biblisch Erzählen

Biblische Geschichten unterscheiden sich von anderen Geschichten, die wir Kindern erzählen: 1) Sie sind zunächst einmal *nicht* für Kinder verfasst; 2) sie sind bei aller äußeren Dramatik vor allem und im Kern *innere Geschichten*, Geschichten von Menschen, die Gott begegnet sind.

Das bedeutet erstens, dass wir, wenn wir Kindern biblische Geschichten erzählen, elementarisieren. Dass wir zu ihnen reden und nicht über ihre Köpfe und ihren Horizont hinweg. Dass wir ihnen Zeit und Gelegenheit geben mitzukommen.

Um einem Missverständnis vorzubeugen: Ein solches Elementarisieren bedeutet weder Kürzen noch Verniedlichen oder Verharmlosen. Es kann sogar bedeuten, erzählend *auszuholen* und zu *verweilen* – so, wie es die Kinder brauchen. Es bedeutet, die Kinder in die Erzählung einzubeziehen, *Brücken zu schlagen* zwischen der fremden Welt der Geschichte und ihrer eigenen Lebenswelt.

Wo wir verniedlichen, verflacht die innere Botschaft (s. o.) und verliert ihre Relevanz. Das bedeutet nicht, dass wir *immer alles* erzählen müssen – es bedeutet aber, dass das, was wir erzählen, glaubwürdig sein muss und dem wachsenden Verständnis der Kinder standhalten muss.

Womit wir beim Zweiten sind: In biblischen Geschichten begegnen Menschen – und damit ebenso wir und unsere Zuhörer – *Gott*. Das ist für viele Kinder überhaupt nicht selbstverständlich. Dass Gott da ist, ist nicht selbstverständlich, dass Gott redet, ist nicht selbstverständlich. Dass Gott handelt – wer rechnet damit? Es ist wichtig, dies nicht wie selbstverständlich oder gar lieblos zu erzählen. Es ist wunderbar und aufregend. Es ist der Kern der Erzählung.

In biblischen Geschichten lernen wir *Jesus Christus* kennen, der ganz Mensch war und doch in Gottes Namen sprach (und spricht). Dies ist das Wunderbare und Paradoxe an Jesus, das macht ihn zu mehr als einem guten Menschen oder Wunderheiler oder eindrucksvollem Prediger. Beim Erzählen sollte man daher sehr bewusst und profiliert von Jesus erzählen – wiederum ohne Verniedlichung, im Schatten des Kreuzes und im Licht von Ostern.

Biblische Geschichten handeln von *Gut und Böse*. Wo etwas geschieht, das gegen Gottes Willen ist – Lieblosigkeit, Ausgrenzung, Selbstsucht –, ist das deutlich beim Namen zu nennen. Andererseits ist es falsch (und lange genug falsch praktiziert worden), aus dem Erzählten moralische Lehren ziehen zu wollen. Die Geschichten der Bibel erzählen zwar von Gut und Böse, aber sie sind nicht als „Erziehungsgehilfen" der Erwachsenen konzipiert.

Ebenso entscheidend: Es ist zu unterscheiden zwischen dem *Menschen* und seiner Tat. Wie schlecht er auch handeln mag, vor Gottes Angesicht erhält er eine zweite Chance. Und die sollte er bei uns und bei den Kindern auch haben.

Was die biblischen Geschichten zu einem – aus religionspädagogischer Sicht – lebenswichtigen Stoff macht, ist schließlich ihr *Hoffnungspotenzial*. Ob sie Frohes oder Trauriges berichtet: In Gottes Angesicht gibt es immer eine Perspektive auf Leben, auf Hoffnung, auf Zukunft hin. Es ist wichtig, dass die Bibelnacherzählungen dies vermitteln. Kinder brauchen biblische Geschichten. Vor allem aber brauchen sie Hoffnung – die Hoffnung, dass nicht alles gleichgültig, nicht alles vergebens ist.

Aus dem Gesagten ergeben sich zehn Gebote der inhaltlichen Gestaltung biblischer Geschichten, die es mitzudenken gilt, wenn wir uns auf eine Erzählung vorbereiten.

1. Verbinden: Die Brücke schlagen zwischen Geschichte und Hörer
2. Einen Weg beschreiten: Die Geschichte spannend erzählen
3. Verorten: Die Geschichte in ihren Zusammenhang stellen
4. Verweilen: Innehalten, ausmalen, wo es wichtig wird, sich einfühlen
5. Aufmerksamkeitszeichen setzen: Explizite Hinweise auf Besonderes geben
6. Eindeutig und behutsam von Gott reden: Gott die Ehre geben
7. Eindeutig und menschlich von Jesus reden: Jesus von Kreuz und Ostern her konzipieren
8. Wachsam von Gut und Böse reden: Das Böse beim Namen nennen
9. Teilnehmend vom Menschen reden: Sich in Menschen einfühlen, sich vor Wertungen und Vorverurteilungen hüten
10. Hoffnung zeigen: Dem Leben und der Liebe das letzte Wort lassen

Ergebnissicherung: Zum Festhalten

Sammelkarten erleichtern den Sch den Überblick über das, was sie erarbeitet haben:

Auf dieser und den nächsten zwei Seiten finden sich die Vorlagen für einzelne Karten (bitte kopieren und ausschneiden). Jede Karte bündelt einen der Bausteine (A bis I) aus dem Unterrichtsmaterial.

Wir schlagen vor, dass die Sch jeweils nach Abschluss eines Bausteins die entsprechende Karte erhalten. Die Karten werden – z. B. in einer Klarsichthülle im Religions-Ordner – gesammelt und dann am Ende des Schuljahres gesichtet: Was haben wir alles gemacht? Und: Worauf ist es angekommen? Die Karten werden dann, zusammen mit Deckblatt und Schlussseite zusammengeklammert oder getackert – die Sch haben ihr eigenes kleines Religionsbuch.

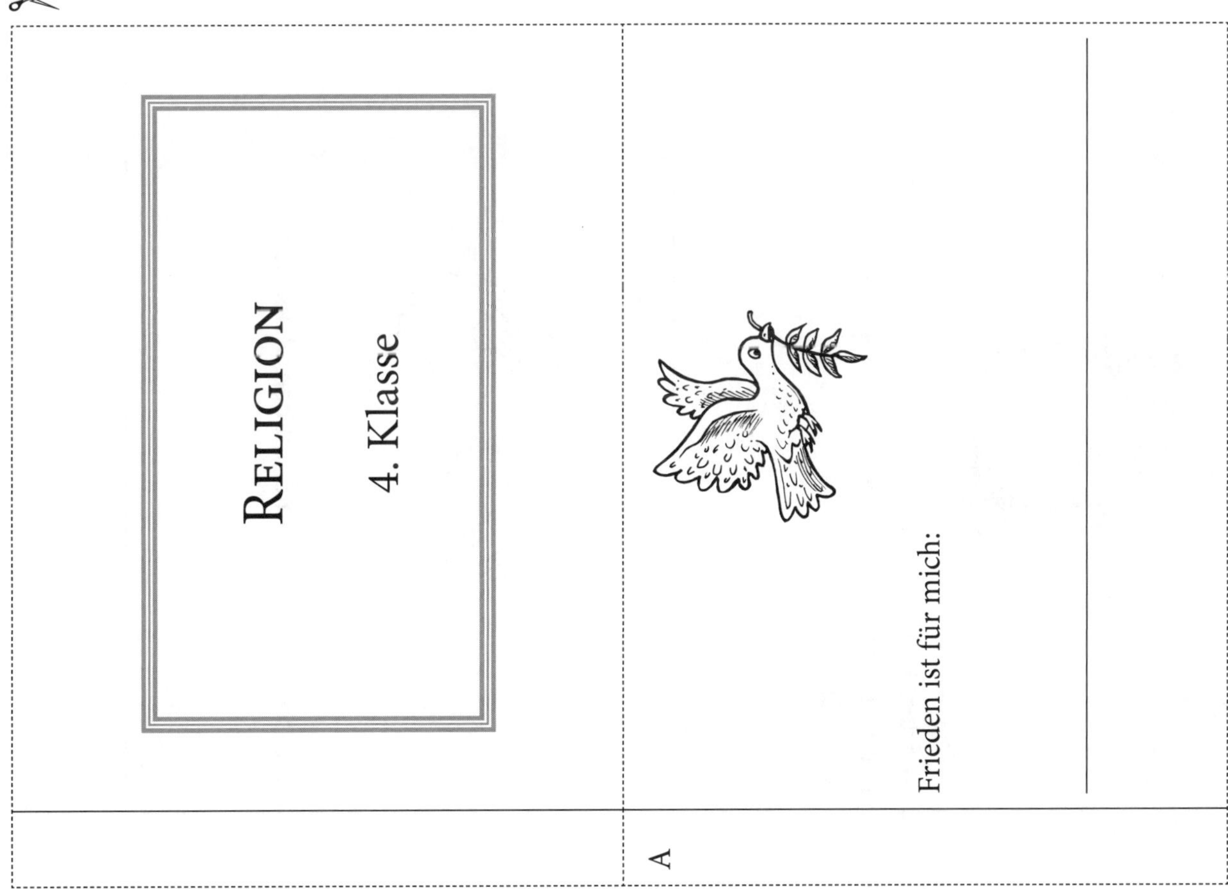

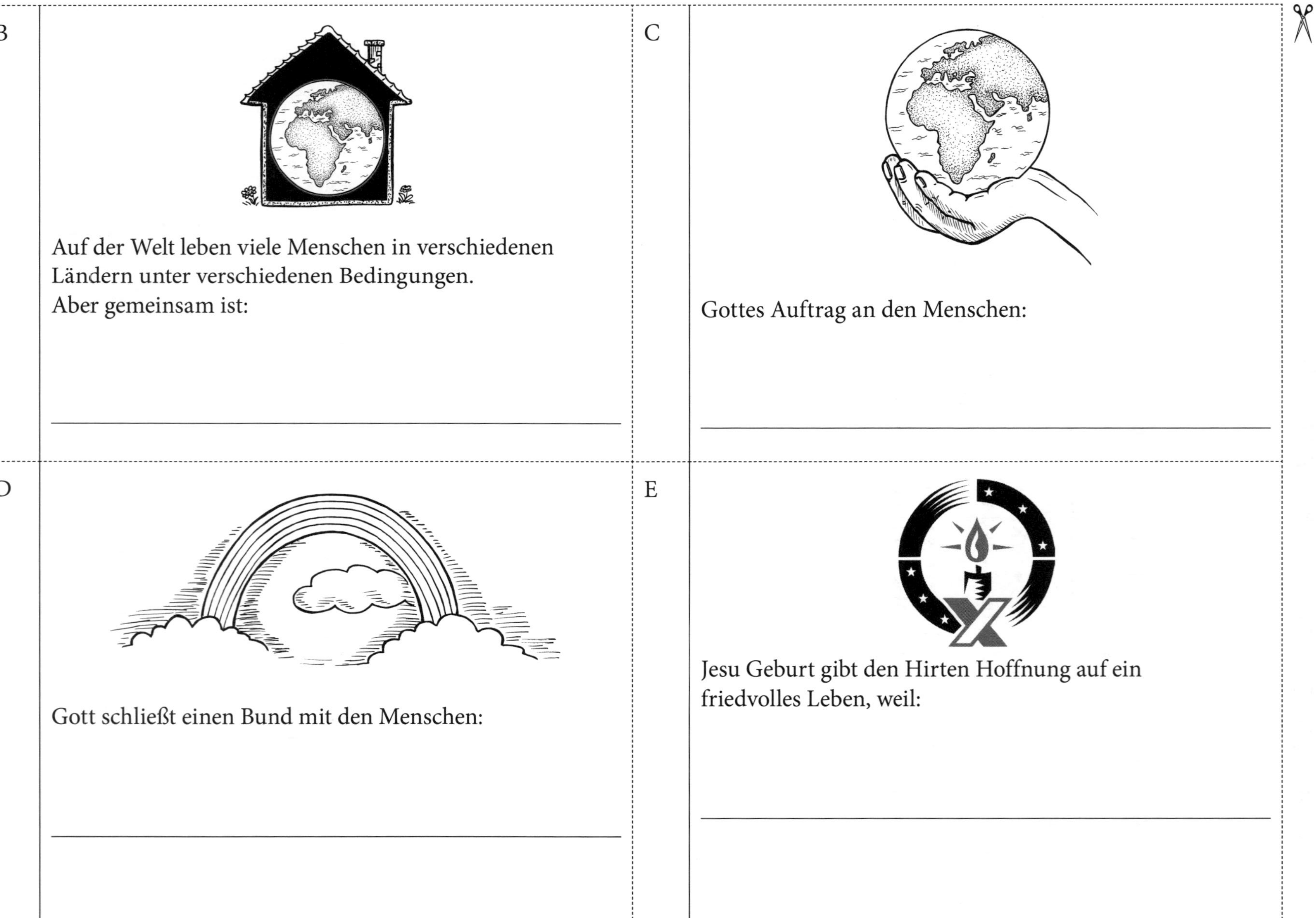

B

Auf der Welt leben viele Menschen in verschiedenen Ländern unter verschiedenen Bedingungen.
Aber gemeinsam ist:

____

C

Gottes Auftrag an den Menschen:

____

D

Gott schließt einen Bund mit den Menschen:

____

E

Jesu Geburt gibt den Hirten Hoffnung auf ein friedvolles Leben, weil:

____

F

Die Auferstehung Jesu war für die Menschen wichtig, weil:

G

Die Taufe bedeutet:

H

In einer Moschee sieht man:

I

Jona wird aus dem Meer gerettet und von dem Wal
an Land gespuckt, weil:

1 Mensch

Öffentlichkeitsarbeit der Evangelischen Kirche von Westfalen, 2001
www.evangelisch-in-westfalen.de

A Frieden säen – Hoffnung ernten

1. Theologische und didaktische Aspekte

Friede und Versöhnung sind biblische Schlüsselbegriffe.

„Friede“ heißt im AT „Shalom“. „Shalom“ ist in seinem Bedeutungsspektrum weiter gefasst als unser Wort „Friede“. Es heißt wörtlich übersetzt „Wohlbefinden“, „Heilsein“, „Ganzsein“. Der Begriff, der zunächst ausschließlich profaner Natur ist, umgreift drei Bereiche, die zueinander in Beziehung stehen:

- das Heilsein des Menschen in der Gemeinschaft mit anderen;
- das Wohlbefinden, in dem das Volk im Bundesverhältnis zu Gott steht;
- das zukünftige Heil als Wiederherstellung der zerstörten Schöpfungsgemeinschaft.

Shalom lässt sich nicht aufspalten in einen persönlichen Teil („Herzensfrieden“) und einen politischen Teil („Völkerfrieden“), sondern ist umfassend. Friede kann nur sein, wenn das Ganze „heil“ ist, – auch die sozialen Verhältnisse: „… dass Gerechtigkeit und Shalom, Gerechtigkeit und Friede sich küssen“ (Psalm 85,11).

Schon die Paradiesgeschichte (Gen 2,4b-25) belegt, dass Frieden zu schaffen in der Absicht Gottes lag. Der Mensch aber erweist sich immer wieder als Störer des Gottesfriedens. Neid, Hass, der Wunsch nach Gottgleichheit gefährden den Shalom. Mit der Gottesgemeinschaft setzt der Mensch auch die Gemeinschaft mit dem Mitmenschen (und die Gemeinschaft mit der übrigen Schöpfung) aufs Spiel. –

Als der Friede in der Geschichte Israels endgültig dahin ist, verdichtet sich der Shalom-Gedanke zu utopischen Bildern einer ganz neuen, universalen Qualität. Schwerter werden zu Pflügen und Spieße zu Rebmessern umgeschmiedet (Jes 2,4; Mi 4,3). Wolf und Lamm werden friedlich zusammen weiden (Jes 11,6–9).

Die Botschaft des Evangeliums löst die messianischen Shalom-Verheißungen ein und stellt sie unter das Leitmotiv „Friede auf Erden bei den Menschen seines Wohlgefallens“ (Lk 2,14). Der Friede, den Jesus stiftet, ist von Macht und Gewalt abgelöst: „Nicht gebe ich euch, wie die Welt gibt“ (Joh 14,27). Er erträgt Gewalt und zielt damit auf ihre Überwindung. Die Friedensverheißung wird zum Friedensauftrag:

„Selig sind die Friedfertigen, denn sie werden Gottes Kinder heißen! Selig sind die Sanftmütigen, denn sie werden das Erdreich besitzen!“ (Mt 5,5) Feindesliebe und Gewaltverzicht werden zur Bewährungsprobe einer neuen Friedensfähigkeit, die im gewaltfreien Handeln Jesu ihr Maß hat – seit 2000 Jahren!

Getragen von einer Kraft, die höher ist als alle menschliche Vernunft und in Erwartung des universalen Shaloms in Gottes Reich sind Christen aufgerufen, schon jetzt für den Frieden auf Erden zu denken und zu arbeiten.

Der Schule fällt in der so verstandenen Friedensarbeit eine besonders wichtige und sensible Aufgabe zu: So wie frühere Generationen Krieg und Aggressionsbereitschaft gelernt und Feindbilder aufgebaut haben, hat die Schule heute die unverzichtbare Aufgabe, Frieden in jeder Form und auf allen Ebenen einzuüben, für Verhaltensänderungen zu disponieren, Kompromissfähigkeit zu trainieren und Möglichkeiten gewaltfreier Konfliktbewältigung aufzuzeigen.

Der Religionsunterricht kann so zum Ort werden, wo konsequent Gott als jemand, der das Leben und den Frieden liebt, auszulegen ist, wo die biblischen Friedens- und Hoffnungsvisionen in die Tagesordnung dieser Welt einzuzeichnen sind, wo die Gleichnisse Jesu von der Herrschaft Gottes als „Schule der Hoffnung" (I. Baldermann, Der Gott des Friedens und die Götter der Macht, Neukirchener Verlag 1983, S. 123) zu vermitteln sind und der Verzicht auf Macht und Gewalt zum leitenden Unterrichtsprinzip wird.

Friede ist kein Zustand, der einem zufällt oder über den man verfügen kann; er ist vielmehr ein Prozess. Wer sich auf ihn einlässt, braucht einen langen Atem, der auch Fehl- und Rückschläge produktiv verarbeitet.

Der nachfolgende Entwurf greift Situationen aus der Erfahrungswelt von Grundschülern auf, die auf das in ihnen enthaltene Konfliktpotenzial hin untersucht werden. Ziel ist jedoch nicht die Analyse, sondern die Gewinnung von Alternativen, die zu einem neuen, friedensorientierten Verhalten anleiten und gegen alle Bilder des Unfriedens die Sehnsucht nach Frieden wachhalten.

2. Kompetenzen und Ziele

Die Schülerinnen und Schüler …

- werden sich dessen bewusst, was Frieden fördert und was Frieden beeinträchtigt (soziale und Handlungskompetenz)
- können die Begriffe Frieden und Unfrieden differenziert inhaltlich füllen (Sprach- und Sachkompetenz)
- kennen Wege, wie ein Streit fair beendet werden kann und Versöhnung möglich wird (soziale Kompetenz)
- wissen, dass Friede und Versöhnung wichtige Friedensbilder und -zeugnisse der Bibel sind (Sachkompetenz)
- kennen Friedensinitiativen, die sich am gewaltfreien, versöhnenden Handeln Jesu orientieren (Sachkompetenz)
- werden sich darüber klar, warum Versöhnung manchmal schwerfällt

3. Unterrichtsschritte

Vorüberlegungen

Leseecke: Groß ist die Zahl der themenbezogenen Bilder- und Geschichtenbücher, die als Fundgrube für persönliche Lektüre und Recherche zum Thema Frieden für die Sch bereitgestellt werden können (z. B. über Fernleihe). Zahlreiche Informationsmöglichkeiten bietet das Internet. Der L kann bei der Arbeit mit den Materialien ggf. anregen, wichtige Bilder und Gedanken schriftlich festzuhalten, zu kommentieren und möglicherweise beim abschließenden Friedensfest die Mit-Sch an den gewonnenen Eindrücken teilhaben zu lassen.

Die Vielzahl an Buchtiteln lässt sich im Wesentlichen zwei Aspekten zuordnen:

1. Streiten und Versöhnen (Alltagsgeschichten)
2. Der Krieg und seine Folgen

Beispiele zu 1.:

D. Mackee, Du hast angefangen! Nein du! Sauerländer, Düsseldorf 2003

Zwei Kerle (blau und rot) leben auf verschiedenen Seiten eines Berges. Ihre unterschiedliche Sicht der Welt löst einen Streit aus. Sie werfen mit Steinen und tragen dabei den Berg ab. Das führt letztendlich die beiden Kontrahenten – auch in ihrer Weltsicht – zusammen.

L. Lionni, Das gehört mir! Middelhauve, München 1998
Die Inselidylle wird durch das anhaltende Gezänk dreier Froschkinder gestört. Die Ermahnungen einiger Erdkröten bleiben ohne Wirkung. Erst ein Unwetter, das die drei auf einem Stein (in Wirklichkeit einer Kröte) überleben, bewirkt eine Verhaltensänderung.

B. Müller, Herr Meier und Herr Müller, Neugebauer, Gossau Zürich/Hamburg 2001
Die beiden Protagonisten leben als Freunde in einem kleinen Haus – bis eine rote Linie Haus und Land teilt und Streit auslöst. Ein Unwetter führt die beiden Streithähne auf überraschende Weise wieder zusammen.

Beispiele zu 2.:

Elzbieta, Floris und Maja, Moritz, Frankfurt/M. 1994
Floris und Maja, zwei befreundete Hasenkinder, werden durch das Ausbrechen eines Krieges brutal getrennt. Unverständlich ist für sie, warum sie jetzt Stacheldraht trennt, warum der Vater verwundet wurde und warum überhaupt Kriege entstehen.

A. Röckner, Eine Schlacht? Die könnt ihr haben, Bertelsmann, München 1996
Statt Krieg gegen das Nachbarland zu führen helfen Soldaten dort bei der Apfelernte.

A. Vaugelade, Fabian und der Krieg, Moritz, Frankfurt/M. 1999
Zwischen den Roten und den Blauen herrscht seit ewigen Zeiten Krieg – und niemand weiß, weswegen er begonnen hat. Prinz Fabian gelingt es durch eine List, die zerstrittenen Armeen miteinander zu versöhnen.

a. Fantasiereise

Einstieg: L stimmt Sch auf die Fantasiereise (1) ein, Sch schließen Augen – nehmen bequeme, entspannte Sitzhaltung ein – fühlen die Ruhe: Rhythmus des ruhiger werdenden Atems, Wegschicken störender Gedanken und Bilder (1).

Erarbeitung: Besprechung/Auswertung der Fantasiereise: Sch tauschen sich über die Geschichte aus, sprechen über ihre Gefühle während der Fantasiereise, berichten über eigene Erfahrungen bei Streit und Versöhnung – überlegen, warum Versöhnung manchmal so schwer fällt, erarbeiten, dass Rituale/Worte der Versöhnung die Versöhnung gelingen lassen können, und überlegen sich Worte/Gesten der Versöhnung.

Festigung/Ergebnissicherung: Genauso wie ein schlimmer Streit einen riesigen Graben zwischen zwei Menschen aufreißen kann, können Worte und Gesten der Versöhnung wie Brücken zum anderen sein.

Lied: Brücke ich – Brücke du (2).

b. Friede – Unfriede

Sch sammeln in einem Modell differenzierte Aspekte zu *Friede* und *Unfriede* – auch in ihrer Vernetzung. Folgende Aspekte können hierzu bearbeitet werden:
- Was Frieden fördert (z. B. Vertrauen, Gerechtigkeit, Mut machen, Brücken bauen, für Versöhnung eintreten, trösten, ...)
- Symbole des Friedens/Unfriedens (z. B. Taube, Regenbogen, Farben, Blumen, ...; Stacheldraht, Waffen, Panzer, Mauern, Beton, ...); Sch können hierzu ihnen bereits bekannte Symbole nennen bzw. L zeigt Sch verschiedene Bilder zum Thema Frieden/Unfrieden, aus denen Sch Friedenssymbole heraussuchen sollen (z. B. Bilder eines Regenbogens, Kreuz, ..., s. auch Vision des Jesaja von Sieger Köder in RU PRAKTISCH Band 3 S. 65).
  Sch tragen aus Zeitschriften, Internet, ... weitere Symbole zusammen, die sie dem erstellten Modell entsprechend zuordnen.

- Was Frieden gefährdet (z. B. Gewalt, Neid, Rechthaberei, Hunger, Zerstörung, Kränkung, Verletzung, Tod, ...).

Sch überlegen sich entsprechende Situationen aus ihrem eigenen Alltag und ergänzen diese in dem Modell.

c. Stationenarbeit: Erleben und Gestalten von Frieden

In der Stationenarbeit setzen sich die Sch mit Gedanken und Erfahrungen zu Frieden/Unfrieden in ihrem Alltag auseinander, lernen Darstellungen zum Frieden in biblischen Texten und Liedern kennen, setzen sich mit Erzählungen und Wünschen von Kindern aus Kriegsgebieten auseinander, erfahren etwas über Friedensprojekte verschiedener Organisationen und können sich über eigene Möglichkeiten der Umsetzung von Frieden in ihrem Alltag austauschen.

Vorbereitung und Materialien:
1. Station: s. (3)
2. Station: s. (4)
3. Station: s. (5)
4. Station: s. (6)
5. Station: s. (7)
6. Station: s. (8)
7. Station: s. (9)

Von einzelnen Organisationen können vorbereitend Materialien besorgt werden, die den Sch dann neben den Internetangeboten zur Verfügung gestellt werden.

Zu den Projekten, die sich die Sch an der 7. Station ausgewählt und vorgestellt haben, erarbeiten die Sch, in welchem Rahmen hier Friedensarbeit stattfindet, und arbeiten heraus, wem diese nützt.

Die Sch wählen sich aus den vorgestellten Projekten eins aus, das sie gemeinsam durchführen wollen (s. auch Kapitel B Die Welt als gemeinsames Haus: Miteinander leben – miteinander teilen).

d. Friedensfest

Vorbereitung: Bereitzustellen sind:
- bunte Bänder (ca. 50 cm lang), je eins für jeden Sch
- Bodenvase mit Blütenzweigen
- Raumschmuck
- Essen und Trinken
- Als HA: Sch gestalten die Bastelvorlage für eine Friedenstaube (10) zu Hause und schreiben darauf Friedenswünsche für Familie/Freunde/...

Zu dem Fest können auch Nachbarklassen eingeladen werden.

Möglicher Ablauf:
- Beginn: Eins der Lieder der Stationenarbeit singen
- kurze Zusammenfassung der Arbeitsergebnisse und des durchgeführten Projekts
- aus den Bändern (s. o.) ein Netz knüpfen und dessen Symbolik reflektieren
- einzelne Sch stellen Bücher zum Thema aus der Leseecke vor
- Friedenstauben (s. HA) vorstellen und als Schmuck an die Blütenzweige hängen

Alternative: Friedenstauben an einen Heliumballon hängen und aufsteigen lassen – Abschluss: Friedensgebet, dessen Inhalt die Sch selbst gestalten.

Fantasiereise

Unsere Reise beginnt auf einem Weg, der mitten durch eine Blumenwiese führt (auf die Blumen achten – Das Wehen des Windes – Deine Schritte im Gras …).

Plötzlich: Weg endet an einem Wassergraben – Wassergraben ist so breit, dass du nicht auf die andere Seite springen kannst – Dein Weg ist unterbrochen.

Während du am Ufer stehst und hinüberschaust, siehst du eine Person – Sie kommt näher – Kommt auf dich zu – Du erkennst: Dein bester Freund/deine beste Freundin, mit dem du dich gestern ganz heftig gestritten hast – Ihr habt seitdem kein Wort mehr miteinander gesprochen.

Dein bester Freund/deine beste Freundin steht dir jetzt direkt gegenüber – Nur der tiefe Wassergraben trennt euch – Du schaust hinüber – Er/sie schaut dich auch an – Was fühlst du?/ Was siehst du bei deinem Gegenüber: Wut? Ärger? Traurigkeit? … – Schau auf die Stirn deines Freundes/deiner Freundin: Sind das Zornesfalten oder …? – Was erzählen die Augen? Zorn? Trauer? …

Du spürst: Die Erinnerungen an den bösen Streit verblassen ganz langsam – Du denkst: Wie toll ihr immer zusammen gespielt habt … – Wie gute Freunde/Freundinnen ihr eigentlich seid …

Die Zornesfalten auf der Stirn deines Freundes/deiner Freundin und auf deiner Stirn glätten sich – Dein Gegenüber auf der anderen Seite lächelt, lächelt dich an – Zaghaft lächelst du zurück – Gefühl der Erleichterung.

Dein Freund/deine Freundin auf der anderen Seite trägt Äste zusammen, ruft herüber: „Komm, lass uns eine Brücke bauen! Über die Brücke können wir zusammenkommen! …" – Du suchst Äste zusammen – Du hilfst deinem Freund/deiner Freundin eine Brücke über den garstigen Wassergraben, eine Brücke zu ihm/zu ihr zu bauen.

Die Brücke trägt dich, ganz vorsichtig balancierst du auf die andere Seite.

Ihr setzt euch ins Gras, genießt die milde Sommerluft und die Sonnenstrahlen auf eurer Haut – Freut euch, dass der Graben zwischen euch überwunden und der Streit vergessen ist.

Rückkehr von der Fantasiereise: Ihr kehrt in Gedanken zurück, bewegt langsam Arme und Beine, atmet tief durch und öffnet die Augen …

Lied: Brücke ich – Brücke du (Hier steh ich, da stehst du)

Text und Musik (nach dem frz. Kinderlied „Sur le pont d'Àvignon"): Siegfried Macht

Stationenarbeit: Erleben und Gestalten von Frieden

1. Station: Bilder des Friedens – Bilder des Unfriedens

Wähle je ein Bild zum Frieden und zum Unfrieden aus und begründe deine Wahl. Schreibe deine Gedanken zu den ausgewählten Bildern auf.

Male selbst ein Bild zum Thema Frieden und Unfrieden. Was ist dir bei einem Friedensbild wichtig?

Stationenarbeit: Erleben und Gestalten von Frieden

2. Station: Bilder des Friedens von Kindern und anderen Künstlern

Wähle ein Bild aus und schreibe auf, warum dir gerade dieses Bild gefällt. Beschreibe, was du auf dem Bild siehst, und finde eine passende Überschrift. Gestalte das Bild mit passenden Friedensfarben.

Öffentlichkeitsarbeit der Evangelischen Kirche von Westfalen, 2001, www.evangelisch-in-westfalen.de

Pablo Picasso, Vive la Paix, 1954, © Succession Picasso/VG Bild-Kunst, Bonn 2010

Stationenarbeit: Erleben und Gestalten von Frieden

3. Station: Texte zu Frieden und Versöhnung in der Bibel

Wähle einen Text aus, in dem für dich der Frieden besonders deutlich beschrieben wird. Unterstreiche die Friedenswörter im Text und schreibe sie besonders schön auf eine Postkarte. Schicke die Postkarte an eine Person, die sich besonders darüber freuen würde.

a) Abraham und Lot trennen sich in Frieden

Abraham und Lot erreichten mit ihren großen Herden Kanaan. Wo aber sollten die vielen Schafe und Ziegen der beiden Familien Weideplätze und Wasser finden? Immer wieder gab es Zank und Streit zwischen Abrahams Hirten und den Hirten Lots. Jeder wollte die saftigste Weide und das beste Wasser für die Herden seines Herrn bekommen.
Schließlich sagte Abraham zu Lot: „Der Streit soll ein Ende haben. Wir müssen verschiedene Wege gehen. Wähle du, wohin du mit deinen Leuten und deinen Herden ziehen willst. Ich werde dann die andere Richtung nehmen."
Lot suchte sich das wasserreiche, fruchtbare Land am Jordan aus. Abraham aber zog nach Westen und schlug seine Zelte in Kanaan auf.

(nach Gen 13,5–12)

b) Die Geburt des Friedenskönigs

Als Jesus geboren war, brachte ein Gottesbote die frohe Nachricht zuerst zu den Hirten auf den Feldern Bethlehems. Er sagte zu ihnen:
„Fürchtet euch nicht, denn ich bringe euch eine gute Nachricht. Heute ist für euch und für alle Welt der Retter geboren. In Windeln eingewickelt liegt er in einem Futtertrog."
Und auf einmal kamen noch mehr Engel, ein ganzes Himmelsheer. Die sangen das Gotteslob und riefen den Menschen zu:
„Ehre sei Gott in der Höhe und Friede auf Erden unter den Menschen seines Wohlgefallens."

(nach Lk 2,8–14)

c) Feindesliebe

Jesus sagt: „Habt auch eure Feinde lieb. Betet selbst für Menschen, die euch hassen. Dann seid ihr wirklich Kinder eures Vaters im Himmel."

(nach Mt 5,44 f.)

d) Josef versöhnt sich mit seinen Brüdern

Als Josefs Brüder das zweite Mal nach Ägypten reisten, gab Josef zu ihren Ehren ein Festmahl. Er gab sich seinen Brüdern zu erkennen: „Ich bin Josef, euer Bruder, den ihr nach Ägypten verkauft habt."
Seine Brüder erschraken. Doch Josef beruhigte sie: „Habt keine Angst. Ich bin euch nicht mehr böse. Gott hat mich nach Ägypten gebracht, damit ich euch und vielen anderen das Leben rette."

(nach Gen 45,1–8)

Stationenarbeit: Erleben und Gestalten von Frieden

4. Station: Ein Brief von Homa

Homa ist ein Mädchen aus Afghanistan. Sie ist zehn Jahre alt. An ihre Freundin Johanna hat sie einen Brief geschrieben, in dem sie über das Leben im Krieg berichtet:

Liebe Johanna,

der Krieg in unserem Land hat das Leben hier sehr verändert.
Gern würde ich auf der Straße spielen und mich frei bewegen, aber ständig fallen Schüsse und man muss aufpassen, dass man nicht auf eine Mine tritt.
Gern würde ich wie du morgens zur Schule gehen und etwas lernen, aber unsere Schule ist zerstört.
Gern würde ich zum Trinken und Waschen einfach Wasser aus dem Brunnen holen, aber der ist auch zerstört und so müssen wir das Wasser in Eimern aus einem Fluss herbeischleppen.
Gern würde ich im Winter in einem warmen und hellen Zimmer sitzen, aber wir haben keinen Strom mehr und als Licht haben wir nur Kerzen.
Gern würde ich Freunde besuchen, aber viele sind mit ihren Familien geflohen oder getötet worden.
Gern würde ich abends ruhig einschlafen, aber die Angst, dass wieder geschossen wird, ist immer da.
Gern würde ich wieder in Ruhe und Frieden leben, aber um mich herum sehe ich viele zerstörte Häuser und immer mehr Gräber.
Ich hoffe, dass diese schlimme Zeit bald ein Ende hat.

Deine Homa

Unterstreiche in dem Brief Homas Gefühle und Wünsche, die sie während des Kriegs hat. Schreibe Homa einen Antwortbrief. Was ist dir wichtig und was wünschst du Homa?

Stationenarbeit: Erleben und Gestalten von Frieden

5. Station: König der Welt für einen Tag

Stell dir vor, du wärst für einen Tag König/Königin der Welt:
Was würdest du als Erstes verändern?
Was würdest du so schnell wie möglich abschaffen?

Lies den Brief von Roberto. Er wohnt in Kroatien. Dort herrschte bis vor einigen Jahren Krieg. Vergleiche deine Gedanken mit Robertos Gedanken:

„Wenn ich Präsident wäre,
wären die Panzer Spielhäuser für Kinder.
Bonbonschachteln würden vom Himmel fallen.
Die Granaten würden Luftballons verschießen.
Aus den Gewehren würden Blumen wachsen.

Alle Kinder der Welt würden in Frieden schlafen,
ungestört von Alarmsirenen und Schießereien.

Die Flüchtlinge würden in ihre Dörfer zurückkehren.
Und wir würden einen neuen Anfang machen.

Roberto, 10 Jahre, aus Pula

Kinder aus dem ehemaligen Jugoslawien schreiben gegen den Krieg. © 1994 Unicef Köln

Stationenarbeit: Erleben und Gestalten von Frieden

6. Station: Liedertexte vom Frieden

a) Löse das Lückentext-Rätsel, sodass die Strophen wieder vollständig sind!
Setze ein: Steinen, verfolgt, Frieden, Unrecht, Backenstreich, verjagt,

1) Welten auseinanderdriften:

Selig sind, die ______________________ stiften.

Sie, die nicht mit ______________________ schmeißen,

werden Gottes Kinder heißen.

2) Die ____________________ , ______________________ , vertrieben

und vom ______________________ aufgerieben,

die noch wund vom ______________________ :

Ihrer ist das Himmelreich.

(Menschen, die nicht alles fassen, Text (nach Matth. 5,3–10) und Musik: Siegfried Macht)

b) Oh Herr, mache mich zum Werkzeug deines Friedens,
dass ich Liebe übe, wo man sich hasst,
dass ich verzeihe, wo man sich beleidigt,
dass ich verbinde, wo Streit ist …,
dass ich dein Licht anzünde, wo die Finsternis regiert,
dass ich Freude bringe, wo der Kummer wohnt …

(Friedensgebet in der Tradition des Franz von Assisi)

Ergänze die Reihen um weitere Bitten:

dass ich ______________________ , wo ______________________ ,

dass ich ______________________ , wo ______________________ .

Suche aus dem Internet Bilder, die zu den Liedtexten passen, und klebe sie zu den Texten.

Stationenarbeit: Erleben und Gestalten von Frieden

7. Station: Projekte, die dem Frieden dienen

Schau dir die verschiedenen Projekte zur Friedensarbeit im Internet an.
Welches Projekt gefällt dir am besten? Warum? Wem wird in dem Projekt geholfen?
Stell deinen Mitschülern das Projekt vor, das dir besonders gut gefällt.

Projekte von Kindern, um andere Kinder zu unterstützen, findest du hier:

Terre des hommes, Kids aktiv: www.tdh.de/kidsaktiv

terre des hommes
Hilfe für Kinder in Not

Brot für die Welt: www.brot-fuer-die-welt.de

Misereor: www.misereor.de

Welthungerhilfe: www.welthungerhilfe.de

Bastelvorlage einer Friedenstaube

Schneide die Taube aus und falte sie an den Strichlinien. Als Federn kannst du eine Papierziehharmonika falten und durch den Schlitz a führen. Den Faden zum Aufhängen ziehst du durch die Löcher b. Klebe die Schnäbel zusammen.

Bastelvorlage einer Friedenstaube

2 Welt

Es ist genug
für alle da
Postbank Köln
500 500 500
BLZ 370 100 50
Brot
für die Welt
www.brot-fuer-die-welt.de

V&R

B Die Welt als gemeinsames Haus: Miteinander leben – miteinander teilen

1. Theologische und didaktische Aspekte

Der Begriff „Dritte Welt“ weckt bestimmte Bilder und Assoziationen: Armut, Hunger, Abhängigkeit, Analphabetentum, „Brot für die Welt“, „Tag für Afrika“, Hoffnungslosigkeit.

Der Begriff „Dritte Welt“ ist ein Verhältnisbegriff. Er wurde nicht von denen geprägt, die dort leben, sondern von denen, die in der sog. „Ersten Welt“ leben. „Erste“ und „Dritte Welt“ drücken Wertigkeiten und eine Reihenfolge aus, die zumindest latent in der Gefahr steht, verbal eine imperialistische Weltsicht fortzuführen, die sich selbst absolut setzt und zum Maß aller Dinge macht. Gruppen und Initiativen, die im Entwicklungsbereich engagiert sind, sprechen darum lieber von der „Einen Welt“. Sie verstehen diese „Eine Welt“ als gemeinsames Haus für Nord und Süd, für Arme und Reiche, für Industrienationen und „Entwicklungsländer“, für die unterschiedlichen Kulturen, Nationen und Religionen. Der Gedanke vom gemeinsamen Haus lässt Menschen einander als Nachbarn begreifen, deren Geschick einem nicht gleichgültig ist und mit denen man Freude und Leid teilt.

„Teilen“ heißt nicht nur, materielle Güter teilen (das auch), sondern darüber hinaus auch Kenntnisse, Zeit, Phantasie, Trauer und Glück.

Und „Armut“ meint nicht nur materielle Armut, sondern auch geistige Armut, Armut an Hoffnung und Phantasie, Nacktheit der Seele, Armut als Ausdruck eines Status, der aus dem „Haben“ lebt, ohne zu „sein“ (Erich Fromm). So gesehen ist „Armut“ auch in einem so reichen Land wie der Bundesrepublik Deutschland durchaus eine Realität; auch unter dem Gesichtspunkt, dass eine zunehmende Zahl von Familien an der bzw. unterhalb der Armutsgrenze lebt!

Vom Gedanken des Lebens in einem Haus können auch wir profitieren. Wieviel ideeller Reichtum und kulturelle Potenz liegt in den Ländern, die wir „Entwicklungsländer“ nennen!

Zum Reichtum eines Landes gehören auch seine Lieder, Mythen, Märchen, Tänze, Speisen, das Spiel und die Kleidung und die vielen anderen kulturellen Produkte und Leistungen, die wir bislang kaum wahrgenommen haben. – All das kann Anlass des Staunens und des Entdeckens, auch des Entdeckens neuer Zusammenhänge, und des Lernens voneinander sein.

Der „oikos“ (= Haus)-Gedanke macht sensibel für fremde Not und partnerschaftliches Verhalten. Armut und Hunger sind nicht gottgegeben und unabänderlich, sondern von Menschen gemacht und darum auch prinzipiell veränderbar.

Die Bibel ergreift hier eindeutig und einseitig Partei. Wie ein roter Faden zieht sich z. B. der Kampf gegen den Reichtum und für soziale Gerechtigkeit durch die prophetische Botschaft:

„Sie treten den Kopf der Armen in den Staub und drängen die Elenden vom Wege“ (Am 2,7). – „Weh denen, die ein Haus zum andern bringen und einen Acker an den andern rücken …“ (Jes 5,8). Dem, der „dem

Hungrigen sein Brot bricht …" (Jes 58,7) wird in Aussicht gestellt: „Dein Licht wird hervorbrechen wie die Morgenröte …, und deine Gerechtigkeit wird vor dir hergehen" (58,8). – Der kommende Messias „wird mit Gerechtigkeit richten die Armen und rechtes Urteil sprechen den Elenden im Lande" (11,4).

Das Neue Testament nimmt diese Vision des alten Bundes auf und radikalisiert sie: Die „Armen" und „Hungernden" werden seliggepriesen (Lk 6,20 f.). Die Krüppel, Blinden, Ausgesetzten, die Hirten, Bettler, verarmten Kleinbauern und Fischer sind die ersten Adressaten und Anwärter auf Gottes Reich. Ihnen wird „ein angenehmes Jahr des Herrn" verkündigt (4,18). – Über den radikalen sozialen Wandel, der das Kommen des Messias begleitet, heißt es: „Mächtige stürzt er vom Thron, und Niedrige erhebt er, Hungrige sättigt er mit Gütern und Reiche gehen leer aus" (1,52 f.). – Dem Reichen, der nach „ewigem", d. h. authentischem Leben fragt, wird empfohlen: „Verkaufe alles, was du hast, und gib es den Armen" (18,22). „Rechtschaffene Früchte der Buße" bringen (3,8), bedeutet für Johannes den Täufer: „Wer zwei Hemden hat, der gebe dem, der keines hat; und wer zu essen hat, tue ebenso" (3,11). – Wer so handelt, erfüllt nicht nur das Doppelgebot der Liebe, sondern auch die Kriterien, nach denen im großen Weltgericht geurteilt wird: „Was ihr getan habt einem von diesen meinen geringsten Brüdern …" (Mt 25,31 ff.). – Gemeinsamer Mangel lässt auch den letzten Bissen teilen (Mk 6,30 ff.).

Aus der Empfehlung des Apostels „Einer trage des andren Last" (Gal 6,20) und dem Bild vom Leib, der sich aus vielen Gliedern und Organen zusammensetzt, die einander brauchen und die leiden, „wenn ein Glied leidet" (1. Kor 12,12 ff.), entwickelt die Jerusalemer Gemeinde ihr Modell, in dem Menschen freiwillig ihr Hab und Gut miteinander teilen und so konkret und sichtbar ihr Einssein in Christus in einer neuen, glaubhaften Form des Zusammenlebens ausdrücken (Apg 4,32–37). Dieses Modell hat durch 2000 Jahre Kirchengeschichte immer wieder Menschen inspiriert und fasziniert. Es waren und sind zumeist einzelne oder kleine Gruppen, die sich das Modell zu eigen gemacht haben und sich anderer im Zeichen der göttlichen Liebe angenommen haben und annehmen.

Sch eines 4. Schuljahres können nur sehr vorläufig und sehr elementar in die komplexen Zusammenhänge, die hier zu Debatte stehen, eingeführt werden. Andererseits gibt es aber auch eine Verpflichtung der Schule, insbesondere des Religionsunterrichts, zur Auseinandersetzung. Auch jüngere Sch sind heute schon durch Zeitungs- und Fernsehberichterstattung unmittelbar und zeitgleich Zeugen des Elends und Unrechts in anderen Teilen unseres Planeten oder kennen Armut auch aus eigener Erfahrung. Sie fragen nach Ursachen und Zusammenhängen und dürfen nicht mit belanglosen Antworten abgespeist werden. Sie wissen zudem, dass viele Produkte unseres täglichen Bedarfs aus Ländern der Dritten Welt stammen.

Da Kinder sich selbst oft als schwach und hilfsbedürftig empfinden, sind sie auch leicht auf die Schutz- und Hilfsbedürftigkeit anderer ansprechbar und bereit, sich mit deren Geschick zu identifizieren.

Der Entwurf legt im Sinne der didaktischen Reduktion den Akzent auf Bangladesch, ein Land, das bei uns vor allem durch Textilbilligprodukte und extreme Armut (monatlicher Durchschnittsverdienst liegt bei ca. 10 €!) bekannt ist. Dort werden wichtige Momente der „Eine-Welt-Problematik" erhoben. Es werden nicht nur die Phänomene eines Entwicklungslandes und die Ursachen der Problematik reflektiert. Vom biblischen Bezug her werden die Verpflichtung zu solidarischem Handeln und die Möglichkeit der Hilfe aufgezeigt sowie die Relativität dessen erörtert, was „Reichtum" bedeutet.

Die Lebensbedingungen und Nöte der Menschen sollen den Schülern anhand der Geschichte einer Familie, die in Bangladesch lebt, nahegebracht und verdeutlicht werden. Dabei sollen den Schülern gleichzeitig auch Möglichkeiten aufgezeigt werden, der materiellen und auch der geistigen Armut entgegenzuwirken und zu helfen. Dass Teilen alle satt macht und dass Gottes Reichtum nicht weniger meint als das Wunder, dass es mehr als genug gibt – an Brot, an Trost, an Leben –, das lässt die Wundergeschichte von der „Speisung der 5000“ erahnen. Geistige Armut erleben die Sch biblisch am Beispiel des Gleichnisses vom „reichen Kornbauern“.

Die Sch sollen wohl betroffen, nicht aber stumm gemacht werden, um auch morgen zu glaubwürdigen Schritten befähigt und ermutigt zu sein und sich zu vergegenwärtigen, dass keiner für sich allein lebt, sondern unser aller Schicksale miteinander verknüpft sind.

Biblisch erzählen

Von den vielen überlieferten Brotvermehrungsgeschichten des Neuen Testamentes (allein diese Tatsache zeigt, wie wichtig das Motiv ist!) wäre Joh 6,1–12 sicherlich der spirituellen Deutung auf Gottes Reich hin (Jesus als „Brot des Lebens“) am nächsten; wir entscheiden uns dennoch für die Version bei Lukas, und zwar wegen eines einzigen Satzes, der im Zusammenhang dieser Unterrichtseinheit von großer Bedeutung ist: Jesus fordert seine Jünger auf: „Gebt ihr ihnen zu essen“ (Lk 9,13): Das Warten auf das Reich Gottes ist also nicht alles – es liegt in der Hand des Menschen, darauf hinzuarbeiten.

Wenn wir diese Wundergeschichte erzählen, haben wir darauf zu achten, dass die Sch dies nicht als historischen Bericht missverstehen, der leicht als unglaubwürdig abzuweisen wäre. Vielmehr ist die Geschichte eine Rätselgeschichte: Christen nach Ostern haben sie erzählt, um im Bild festzuhalten, was Jesus und seine Predigt von Gott ihnen bedeuten. Fragen wir also: Was erzählt uns Lukas hier über die Menschen, den Hunger und darüber, wie es nach Gottes Willen sein soll?

Vor dem Hintergrund der Wundergeschichte von der Speisung der 5000 kann anhand des Gleichnisses vom reichen Kornbauern verdeutlicht werden, dass echtes Leben mehr ist als äußerer Reichtum, nämlich eine Vision dessen, was sein kann, wenn Gottes Reich endlich kommt.

Das Gleichnis vom reichen Kornbauern (Lk 12,16–21) kann ganz einfach erzählt werden – als Rätselgeschichte: Da hat einer alles im Überfluss – und dann kommt ihm plötzlich der Gedanke: Was habe ich eigentlich davon? – So hat Jesus das Gleichnis erzählt und die Lehre, die er daraus zieht („So geht es dem, der sich Schätze sammelt und ist nicht reich bei Gott“), werden die Kinder anders – und gewiss sehr produktiv formulieren können (Theologisieren mit Kindern).

2. Kompetenzen und Ziele

Die Schülerinnen und Schüler …
- können erläutern, dass Menschen aufeinander angewiesen sind, und können Beispiele dafür nennen (soziale Kompetenz)
- können vom Leben in einem Entwicklungsland berichten und können (im Gespräch mit anderen) ggf. falsche und einseitige Vorstellungen abbauen (Sachkompetenz)
- können vom Leben einer Familie aus Bangladesch erzählen und sich in ihre Lage hineinversetzen (soziale Kompetenz)
- können Ursachen und Bedingungen für Armut und Reichtum darstellen (Sachkompetenz)
- können den Traum vom Leben in Fülle (Reich Gottes) entfalten und darstellen (anhand der Brotvermehrungsgeschichte des Neuen Testaments) (Sachkompetenz)
- können das Gleichnis vom reichen Kornbauern nacherzählen und deuten (Sachkompetenz)

- kennen Möglichkeiten der Hilfe und praktizieren diese (soziale Kompetenz)
- sind darin bestärkt, mit anderen Menschen zu teilen und dieses Teilen als Hoffnung zu erleben (soziale Kompetenz)

3. Unterrichtsschritte

a. Was Menschen zum Leben brauchen

Einstieg: L bereitet für je vier Sch ein Plakat mit folgender Vorgabe vor:

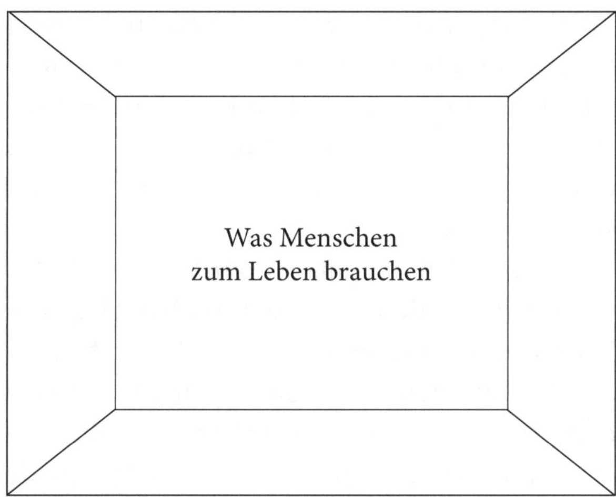

Sch setzen sich um das Plakat und jeder füllt ein Segment aus (z. B. Wohnung, Freunde, Essen/Trinken, Kleidung, Bücher, Musik, Sonne, Liebe, Geld, Farben, …). Nach einer vereinbarten Zeit werden die Plakate im Uhrzeigersinn weitergegeben bis jeder Sch auch die Beiträge der Tischnachbarn gelesen hat. Danach erfolgt ein Austausch über die gesammelten Antworten. Aus allen Antworten wählt die Tischgruppe drei Begriffe aus, auf die sie in keinem Fall verzichten möchten. Die Gruppen stellen ihren Mit-Sch die ausgewählten Begriffe vor und begründen, warum gerade diese ausgewählt wurden. Die Arbeitsergebnisse der Gruppen werden an einem entsprechenden Plakat an der Tafel festgehalten.

Erarbeitung: Sch wählen sich ein Stichwort (s. o.) aus und überlegen sich Gründe, warum ihrer Meinung nach jemand reich ist, der es besitzt, oder arm, weil es ihm fehlt. Die Sch stellen ihre Arbeitsergebnisse vor und halten sie am Plakat an der Tafel fest. Anhand der Beispiele werden die Begriffe „arm“ und „reich“ über das rein materielle Verständnis hinaus erarbeitet („Reich“ kann auch eine/r sein, der/die …. „Arm“ kann auch eine/r sein, der/die …).

b. Die Welt als gemeinsames Haus

Einstieg: benötigte Materialien: Deutschland-/Weltkarte

L lässt Sch auf einer Deutschland-/Weltkarte zeigen, wo sie wohnen, welche Städte sie schon kennen, wo ihre Familien herkommen, wo sie schon einmal im Urlaub waren, … Zu ihren Angaben geben die Sch, so weit möglich, Informationen zu Besonderheiten/Eigenarten/eigenen Erfahrungen mit dem jeweiligen Land. Bei diesem Einstieg soll den Sch die Vielfalt von Regionen auf der Welt bewusst werden.

Erarbeitung: L: „Ich erzähle euch gleich eine Geschichte von einer Familie aus Bangladesch. Kennt ihr Bangladesch?“

L teilt AB (1) aus. Sch suchen sich in Partner-/Kleingruppenarbeit Informationen aus Internet, Büchern, … zu Bangladesch und tragen sie auf dem AB ein (Wie leben die Menschen in Bangladesch? Was essen die Menschen dort? Wie kleiden sich die Menschen dort? Wie leben die Kinder in Bangladesch? …).

Sch stellen sich ihre Arbeitsergebnisse gegenseitig vor. Dabei soll ihnen bewusst werden, dass die dortigen Lebensbedingungen von den ihnen vertrauten abweichen.

L trägt Sch die Geschichte von Sakhina vor (2) und zeigt parallel dazu Fotos von Sakhina und ihren Kindern. Sch äußern sich zu der Geschichte und gehen der Frage nach: Was ist in dem Leben von Sakhinas Familie anders als in unserem Leben? (hohe Armut, auf Unterstützung angewiesen, keine kostenlose Bildung für alle, …). In diesem Zusammenhang führt der L den Begriff *Dritte Welt* ein.

Sch entwickeln an der Tafel einen „Armutskreis“ (3).

Festigung: Sch übertragen Armutskreis in ihre Unterlagen, wobei den Sch der „Teufelskreis“ deutlich werden soll.

Vertiefung: Sch überlegen, wie sie die Hilfen, die Sakhina und ihre Familie erhalten, in der Zeichnung verdeutlichen können und wie der Armutskreis somit durchbrochen werden kann.

Sch präsentieren ihre Ideen. L zeichnet ggf. die beiden Hilfspfeile (s. 3) als Vorschlag an der Tafel an.

c. Hunger nach Brot – Biblischer Bezug –

Einstieg: L zeigt die Lithographie (4) von Käthe Kollwitz. Sch äußern ihre Eindrücke zu dem Bild (Kinder betteln um Nahrung, Augen starr auf unsichtbaren Nahrungsspender gerichtet, …) und stellen Bezug zur Geschichte von Sakhina aus der vorherigen Stunde her.

Erarbeitung: L gibt Hinweis auf biblische Erzählungen zur Thematik. L trägt Sch Szene 1 der Erzählung vor (5). Parallel zur Erzählung wird eine Erzähllandschaft aufgebaut: Zu Szene 1: blaues Tuch (als nahe gelegener See Tiberias); graues, etwas faltig gelegtes Tuch (als Berg, auf den sich Jesus mit seinen Jüngern zurückzieht), 13 Spielfiguren auf dem grauen Tuch (als 12 Jünger und Jesus), mehrere Spielfiguren, die um den Berg herum aufgestellt werden (als wartende Menschenmenge).

L unterbricht Erzählung und ruft bei den Sch Vorstellungen zum Hunger hervor: Kennt ihr das, wenn ihr einen langen Schultag habt, keine Zeit habt, euer Pausenbrot zu essen, oder es vielleicht zu Hause vergessen habt? Wenn ihr einen langen Ausflug gemacht habt und nichts zu essen mitgenommen habt? Sch beschreiben Situationen und Gefühle von Hunger.

L trägt Sch Szene 2 (5) vor. Zur Veranschaulichung stellt L eine Spielfigur aus der Menschenmenge und 5 Brotkrumen/5 Schaumstoffkügelchen o.ä. und 2 Papierfische o.ä. mit auf den Berg.

L erzählt die Szenen 3 und 4 (5).

Lied: Brot, Brot, danke für das Brot (6).

Vertiefung: Sch gehen der Frage nach, was in der Erzählung über die Menschen berichtet wird und wie das Leben nach Gottes Vorstellung sein soll (Abbildung des künftigen Gottesreiches, Menschen, die teilen, werden selbst „reicher“).

Sch sammeln auf dem Arbeitsblatt (7) Situationen, in denen sie schon einmal geteilt haben, und erzählen, wie sie dadurch „reicher“ geworden sind: Spielzeug mit Freunden geteilt und Freunde haben sich sehr gefreut, auch damit spielen zu dürfen/es wurde eine schönes Spiel zu mehreren: mit Mit-Sch, der sein Pausenbrot vergessen hat, das eigene Brot geteilt, … Sch tragen Ergebnisse anschließend zusammen.

d. Hunger der Seele – biblischer Bezug –

Einstieg: L greift Beispiel eines Sch auf, in dem Sch etwas geteilt hat. Sch arbeiten die Gefühle desjenigen heraus, mit dem geteilt wurde (Freude, …). Sch arbeiten heraus, dass es nicht nur Mangel an Nahrung, sondern auch seelische Armut gibt.

L trägt Sch biblische Erzählwerkstatt zum reichen Kornbauern vor (8). Am Ende von Szene 1 legt L einen Haufen von Münzen (z. B. Schoko-Goldtaler) auf ein ausgebreitetes Tuch. Am Ende von Szene 2 legt L ein trauriges Smileygesicht auf die andere Seite des Tuches.

Am Ende der Erzählung äußern Sch, was der Seele des Kornbauern wohl fehlt (Freude, Glück, Freunde, Gemeinschaft, ...). Sch schreiben Ideen auf Kärtchen und legen diese um das traurige Gesicht. Der Bezug zu den Geldmünzen wird mit der Frage hergestellt: Kann sich der Kornbauer mit seinem Geld Freude, ... kaufen? In einem weiteren Schritt wird das Geld weg gelegt, das traurige Gesicht wird umgedreht, auf der Rückseite wird ein fröhliches Smileygesicht eingezeichnet.

e. Eine Welt – Dritte Welt: Möglichkeiten zum Teilen und Helfen

Einstieg: L erinnert Sch an Geschichte von Sakhina. Sch überlegen sich Möglichkeiten bzw. forschen im Internet nach Ideen, wie sie Kindern, die in einer ähnlichen Lage wie Sakhinas Kinder sind, helfen können.

Mögliche Internetadressen zum Nachforschen:
www.brot-fuer-die-welt.de/schule-aktiv
www.misereor.de
www.welthungerhilfe.de
www.sos-kinderdorf.de

Mögliche Ideen: Sch verkaufen in der Pause selbst gebackenes Brot (9), Sch übernehmen zu Hause kleinere Aufgaben (Hilfe im Garten, Einkäufe erledigen, ...) und spenden als Klasse ihren „Arbeitslohn“ an eine vorher bestimmte Organisation; Sch organisieren einen/nehmen teil an einem Spendenlauf;

Die Sch können ihre Ideen bzw. ihr Projekt dokumentieren (als Bericht, mit Zeichnungen, ...) und an entsprechende Organisationen senden, die Projekte/Malwettbewerbe von Schulklassen unterstützen und anbieten (z. B. SOS-Kinderdörfer).

f. Gemeinsames Frühstück

Einstieg/Vorbereitung: L kündigt an, mit der Klasse gemeinsam frühstücken zu wollen. Jeder trägt einen Teil zum Frühstück bei, sodass letztendlich alles in ausreichender Menge beisammen ist und untereinander geteilt werden kann.

Vorbereitung: Sch gestalten Frühstückssets mit einer Szene aus den besprochenen biblischen Erzählwerkstätten.

Sch backen Brot, das sie beim gemeinsamen Frühstück essen können (9), Sch stellen die gestalteten Szenen auf ihren Frühstückssets vor.

Lied: Brot, Brot, danke für das Brot (7)

Zusätzliche Gestaltungsmöglichkeiten sind zu finden in: Feste feiern mit RU PRAKTISCH, S. 89 ff.

Hinweis: Das Thema „Dritte Welt“ eignet sich auch gut als Thema einer Projektwoche.

Was weißt du über Bangladesch?

Schau dir auf einer Weltkarte an, wo Bangladesch liegt. Male es in der Zeichnung bunt an.

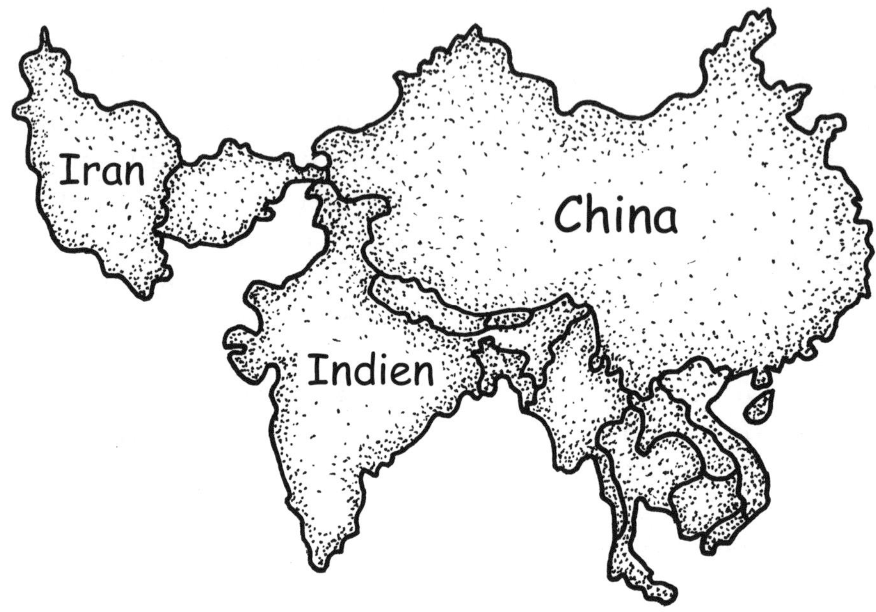

Sammle noch weitere Informationen über Bangladesch, die dir wichtig erscheinen!

Sakhinas Geschichte

„Mein Name ist Sakhina. Ich bin Witwe [ggf. erklären] und habe vier kleine Kinder, zwei Jungen und zwei Mädchen. Wir leben in der Stadt Chittagong in Bangladesch.

Ich bin es nicht gewohnt zu klagen. Normalerweise spreche ich nicht darüber, was es bei uns zu essen gibt, sondern arbeite hart, damit wir überleben. Aber bis vor Kurzem wusste ich nicht, wie ich meine Kinder satt bekommen sollte. Reis ist plötzlich doppelt so teuer geworden – wie soll ich das von dem wenigen Geld bezahlen, das ich als Haushaltshilfe verdiene?

Seit einem Jahr muss ich für meine Kinder ganz alleine sorgen. Damals starb mein Mann Abdul. Er arbeitete als Rikscha-Fahrer* und verunglückte bei einem Verkehrsunfall tödlich.

Für meine Kinder und mich begann eine schlimme Zeit. Es dauerte nicht lange, da konnte ich nicht mehr das Schulgeld für meinen achtjährigen Sohn Sultan, meinen Ältesten, bezahlen: Er musste die Schule verlassen. Ich kann niemand beschreiben, wie weh mir das als Mutter tat. Abdul und ich, wir waren so stolz gewesen, dass wir unserem Kind den Schulbesuch ermöglichen konnten, damit er es einmal besser haben würde.

SOS-Kinderdörfer weltweit/Florian Staudt; Fotos: Alexander Gabriel, www.sos-kinderdoerfer.de

Doch es sollte noch viel schlimmer kommen. Denn die Preise für Reis stiegen und stiegen. Ein Sack Reis von 15 Kilo reicht für meine vier Kinder und mich eine Woche lang. Vor einem Jahr kostete ein Sack noch 240 Taka – heute sind es 495 Taka! (=4,70 €). Das ist für mich unbezahlbar – und das geht nicht nur mir so. So viele Menschen haben nicht mehr genug zu essen! Die Soldaten vertrieben Hungernde von den Müllkippen, als diese dort nach vergammeltem Reis suchten. Es sind schwere Zeiten für uns Menschen in Bangladesch. Das sieht man auch daran, dass wir unsere traditionellen Feste praktisch nicht mehr feiern: zum Beispiel das Erntefest Nobanna oder Kangali-voj, bei dem die Hungrigen gespeist werden.

Wie ging es mit meinen Kindern und mir weiter? Als Erstes haben wir auf Fleisch, Fisch, Milch und Eier verzichtet – das war vor neun Monaten. Dann gab es nur noch blanken Reis. Und dann reichte das Geld nur noch für Kartoffeln und sehr billiges grünes Gemüse. Es war oft nur so wenig, dass das Essen unseren Hunger nur linderte. Ich selbst habe oft auf eine Mahlzeit verzichtet, damit mehr für meine Kinder da war. Doch zuletzt gab es immer öfter Tage, an denen ich ihnen nichts zu essen geben konnte.

Ich werde nie vergessen, wie meine Kleinste vor Hunger weinte, heimlich und still in sich hinein. Ich wusste nicht mehr weiter. Doch dann erhielt ich Hilfe durch die SOS-Kinderdörfer in Bangladesch: Meine Kinder und ich wurden in die Familienhilfe des SOS-Kinderdorfs Chittagong aufgenommen.

Wir erhalten Lebensmittelhilfe: Reis, Sojaöl und Hülsenfrüchte. Außerdem habe ich Samen und Setzlinge für Gemüse bekommen: Ich pflanze jetzt Spinat, Bohnen, Radieschen und Tomaten in unserem Kleingarten. Das hilft uns sehr: Heute kann ich für meine Kinder wieder zweimal am Tag eine Reismahlzeit mit Gemüse kochen. Mein Ältester kann jetzt dank der Unterstützung durch die SOS-Kinderdörfer wieder zur Schule gehen. Und ich habe eine sechsmonatige Fortbildung begonnen: In der SOS-Hermann-Gmeiner-Schule in Chittagong besuche ich einen Schneiderei-Abendkurs. Als Schneiderin werde ich mehr verdienen. Bald kann ich wieder selbst für meine Kinder sorgen. Das ist das Schönste. Dafür bin ich unendlich dankbar!"

(www.sos-kinderdorf.de; SOS-Kinderdörfer Weltweit)

* Ein Rikscha-Fahrer ist eine Art Taxifahrer, nur fährt er seine Fahrgäste nicht in einem Auto. Seine Gäste sitzen in einem Anhänger, den er mit dem Fahrrad oder per Hand zieht.

Der Armutskreis von Sakhina

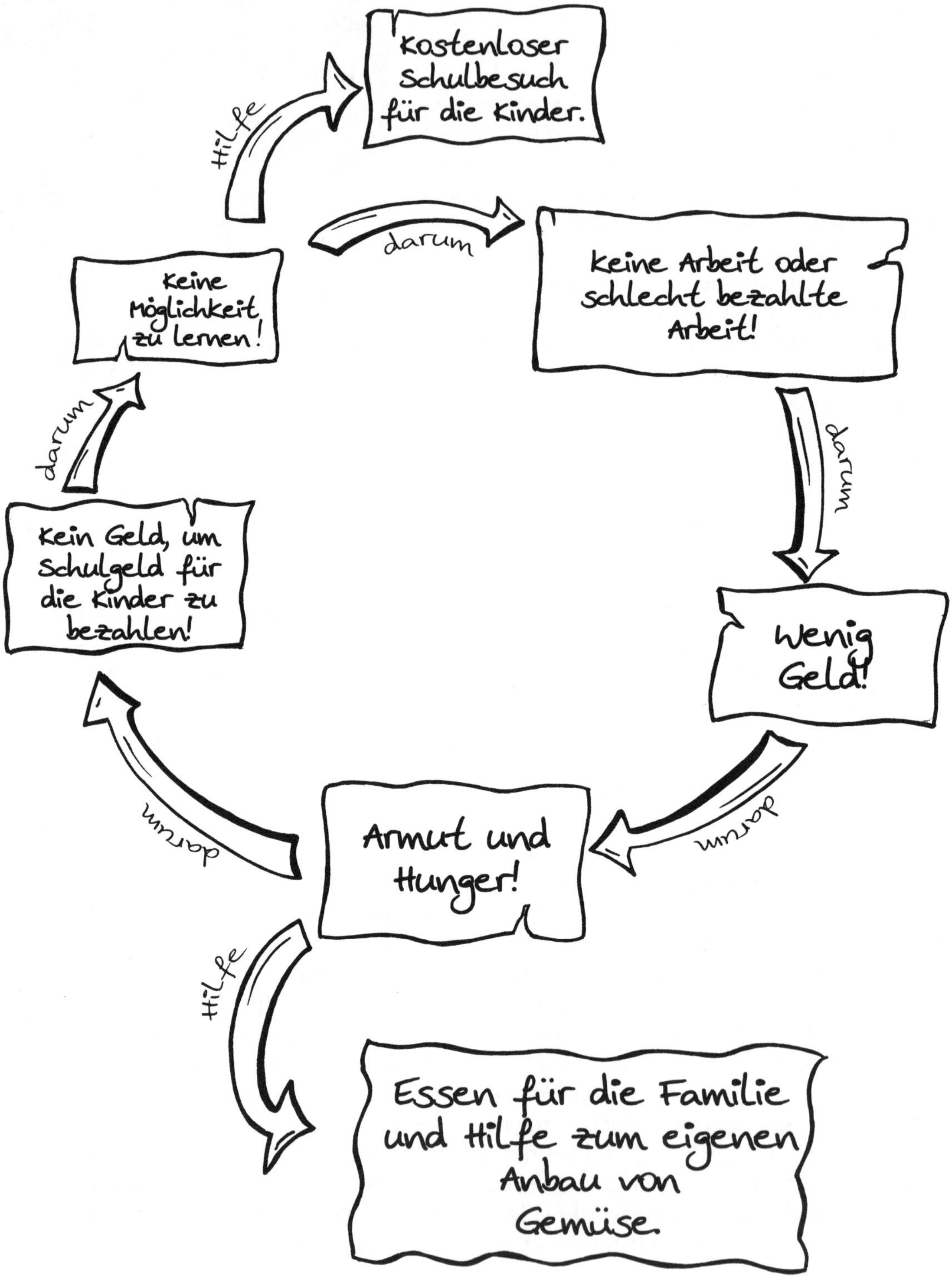

Kostenloser Schulbesuch für die Kinder.

Hilfe

darum

Keine Arbeit oder schlecht bezahlte Arbeit!

darum

Wenig Geld!

darum

Armut und Hunger!

darum

Kein Geld, um Schulgeld für die Kinder zu bezahlen!

darum

Keine Möglichkeit zu lernen!

Hilfe

Essen für die Familie und Hilfe zum eigenen Anbau von Gemüse.

Lithographie von Käthe Kollwitz: Deutschlands Kinder hungern (1923)

Käthe Kollwitz, „Deutschlands Kinder hungern!", Ende 1923, Kreidelithographie (Umdruck), Käthe Kollwitz Museum Köln, © VG Bild-Kunst, Bonn 2010

Erzählwerkstatt: Die Speisung der 5000

Einstimmung:
Lukas erzählt: Jesus sprach von Gottes Reich. So wird es sein, wenn Gottes Reich kommt …

Szene 1:
5000 Menschen sind auf den Beinen. Sie sind Jesus gefolgt, bis in die Wüste. An Essen und Trinken haben sie nicht gedacht. Sie wollen Jesus hören und sehen oder von ihm geheilt werden.

Szene 2:
Die Jünger sagen zu Jesus: „Schick sie jetzt nach Hause. Sie müssen essen und trinken". Jesus sagt: „Macht ihr sie satt". Die Jünger fragen: „Wie denn das? Wir haben nur fünf Brote und zwei Fische." Jesus sagt: „Sie sollen sich setzen."

Szene 3:
Jesus nimmt die Brote und dankt Gott und bricht sie in Brocken. Jesus nimmt die Fische und dankt Gott und teilt sie. Die Jünger verteilen das Essen. Alle werden satt. Es bleiben ganz viele Brocken übrig.

Szene 4:
Lukas erzählt: So wird es sein, wenn Gottes Reich kommt – aber habt ihr es gehört: Die Menschen mussten viel dazu beitragen …

Lied: Brot, Brot, danke für das Brot

(Text: Rolf Krenzer Melodie: P. Janssens. Aus: Ich schenke dir einen Sonnenstrahl, 1985. Alle Rechte im Peter Janssens Musik Verlag, Telgte – Westfalen)

Bewegungen zum Lied:

Die Klasse steht im Kreis:

Brot, Brot, danke für das Brot	Mit den Händen einen Brotlaib formen
Brot zum Leben	Hände zu einem Herz formen
Danke, guter Gott	Hände zusammenführen und sich dankend verbeugen
Lass uns, wenn wir essen, andere nicht vergessen	Nachbarn an den Händen fassen, in die Mitte gehen und dabei die Hände nach oben heben
Brot, Brot	Mit den Händen einen Brotlaib formen.
Danke für das Brot	Hände zusammenführen und sich dankend verbeugen

Teilen mit anderen

Schreibe Situationen auf, in denen du selbst schon einmal mit anderen geteilt hast.

____

____

____

Nenne andere Geschichten aus der Bibel, in denen Gott den Menschen zu essen gibt!

____

Weißt du, wie das Sprichwort weitergeht?
Was ist damit gemeint?

Geteiltes Leid ist ________________________________

Erzählwerkstatt: Der reiche Kornbauer

Einstimmung:
Jesus wird gefragt: „Was macht eigentlich glücklich?" Jesus erzählt ein Gleichnis.

Szene 1:
Da ist ein Mann. Er hat Weizenfelder. Eine besonders gute Ernte. Mehr, als er braucht. Mehr, als er in seinen Scheunen lagern kann. „Was tue ich nur? – Oh, ich weiß: Ich baue noch mehr Scheunen!" Und er sagt zu seiner Seele: „Sei nun ruhig. Du bist reich. Du wirst nie mehr arm sein."

Szene 2:
Seine Seele antwortet: „Aber ich bin arm, sehr arm. Ich habe gar keine Freude!"

Szene 3:
Jesus fragt: „Was fehlt denn wohl seiner Seele? Warum ist sie nicht glücklich?"

Fladenbrotrezept

3 Gott

C Schöpfung als Geschenk und Aufgabe

1. Theologische und didaktische Aspekte

Schöpfungsmythen sind in nahezu allen Kulturen nachweisbar, in hoch entwickelten ebenso wie in archaischen. Bei aller Unterschiedlichkeit weisen sie erstaunliche Parallelen auf. Diese haben ihre Ursache in gemeinsamen Grunderfahrungen der Völker in früher Zeit.

Zum gemeinsamen Erfahrungspotenzial gehört das Gefühl der Bedrohung. Überschwemmungen, Dürre, Missernten, Seuchen etc. sind häufig Begleiter des Lebens und Vorboten des Todes. Der so bedrohte, in seiner Existenz gefährdete Mensch fragt nach dem Ursprung der Bedrohung und nach einem tragenden Grund jenseits aller Gefährdung. Das ist die Geburtsstunde des Mythos als Hilfe zur Daseinsbewältigung. Er wiederholt (im doppelten Sinne) den Anfang und realisiert so aufs Neue die Verbindung mit dem Grund der Welt.

Auch die biblischen Schöpfungstraditionen sind solche „Geschichten des mitlaufenden Anfangs" (H. Halbfas, Das dritte Auge, Düsseldorf 1997, S. 50).

Eine erste Sichtung der israelitischen Schöpfungsaussagen ergibt dreierlei:

1. Schöpfungstheologische Aussagen finden sich erst in jüngeren Texten. Dtn 26,5–9 nennt zwar die grundlegenden Heilstaten Gottes an Israel, weiß aber noch nichts von einem schöpferischen Tun Jahwes. Die Landnahme (und der in Kanaan angetroffene Fruchtbarkeitskult) sowie die Erfahrung des Exils bedingen eine Ausweitung der Gottesaussagen: Jahwe, der sich durch sein bewahrendes Schöpferhandeln in der Geschichte (Exodus, Schilfmeer etc.) offenbart und als verlässlich erwiesen hat, wird als der bezeugt, der die Welt und den Menschen ins Dasein rief.
2. Israels Schöpfungszeugnis ist vielstimmig: Gen 1 und 2, die jüngere Priesterschrift (P) und der ältere Jahwist (J), stehen unvermittelt nebeneinander. Von Gottes Schöpfung singen lobend und staunend aber auch die Psalmen (z. B. 8; 10; 104) oder Hiob (38 ff.). Der Exilsprophet Deuterojesaja (Jes 40–55) deutet Schöpfung als geschichtliches Wunder Jahwes und als Zeugnis seines Heilswillens (40,12 ff.; 43,1 ff.).
3. Die großen Schöpfungstraditionen Gen 1 und 2 sind keine isolierten Weltentstehungsmythen, sondern Bestandteil des Pentateuch (der fünf Bücher Mose) und in ihm ursprünglich selbstständige Quellenschriften. Nur im Kontext dieser umgreifenden Traditionen werden auch die besonderen schöpfungstheologischen Aussagen verständlich.

Die *jahwistische Schöpfungsgeschichte* (um 950 v. Chr.) ist in einen Erzählzusammenhang eingebettet, der die Entstehung Israels durch Gottes Handeln von der Schöpfung bis zur Landnahme thematisiert. Er entfaltet dabei folgenden theologischen Grundgedanken: Jahwes Führung und sein universaler Heilswille im Blick auf Israel setzen sich durch – trotz Abfall und Schuld der Menschen. Der

Steigerung der menschlichen Verfehlungen (3: Sündenfall; 4: Brudermord; 6 ff.: Noah; 11: Turmbau) korrespondiert die Steigerung des göttlichen Heilswillens (4,15; 6,8 ff.; 9,8 ff.; 12,3 ff.). –

Die Aussagen zum Thema Schöpfung haben ihr Zentrum in der Erschaffung des Menschen als erstem Schöpfungswerk. Ihm wird die Welt als bewässerte, fruchtbare Oase bereitet, die Raum und unerschöpfliche Möglichkeiten zu einem Leben in Frieden bietet. Das Wunder der Schöpfung stellt sich hier als Verwandlung der lebensfeindlichen, wasserlosen Wüste in einen üppigen Garten dar. – Die Beauftragung des Menschen zum Bebauen und Bewahren seiner geschöpflichen Mitwelt wird durch die Mahnung ergänzt, eine Grenze zu wahren (2,16 ff.). Zum Geschaffensein des Menschen gehört also die Freiheit ebenso wie die Möglichkeit, diese Freiheit zu verspielen und natürliche und soziale Beziehungen zu zerstören.

Ca. 400 Jahre später (um 550 v. Chr.) formulieren *Priester* (P) im babylonischen Exil ein neues Schöpfungslied. Sein Thema: die Konstituierung der israelitischen Kultgemeinde am Sinai. Schöpfung und Väterzeit, Noah- und Abrahambund führen zu diesem Ereignis hin.

Der Schöpfungshymnus Gen 1,1–2,4a hat seelsorgerlich-tröstende Funktion: Der Tempel – Unterpfand der Gegenwart Gottes – ist zwar zerstört, die nationale Identität zerbrochen. Dennoch gelten auch in der Fremde die Bundeszeichen und Gottes Ziel mit der Schöpfung weiter.

Der Sabbat, auf den die Schöpfung zuläuft, wird zum sichtbaren Zeichen für Jahwes Gegenwart.

Die jahwistische Miniatur des Oasenbildes ist durch einen weiten universalen Horizont abgelöst, in den hinein P unter kritischer Verarbeitung babylonischer Kosmologie sein Kerygma stellt: Lebensfeindliche, natürliche oder übernatürliche Chaosmächte bedrohen nicht länger die Welt. Diese ist vielmehr Gottes gute Schöpfung. Gott hat die Welt mit einer „Schutzhülle“ gegen alles Lebensbedrohende umgeben und sie für eine verantwortliche Nutzung durch den Menschen geordnet. In dieser Welt darf sich der Mensch als „Ebenbild“ und Partner Gottes sehen (und nicht als Knecht). Diese Ebenbildlichkeit realisiert der Mensch in einer angstfreien, verantwortlichen Wahrnehmung des Herrschaftsauftrages über Pflanzen und Tiere. „Das Beherrschen der Erde ist in einem königlichen Sinn gemeint … Der Mensch würde also sein königliches Amt der Herrschaft über die Erde darin gerade verfehlen, dass er die Kräfte der Erde ausbeutet zum Schaden des Ackerlandes, zum Schaden der Pflanzen und der Tiere, zum Schaden der Flüsse und der Meere … Das Entscheidende ist die Verantwortung des Menschen für das Bewahren des ihm Anvertrauten, die Herrschaft über die Erde, die das königliche Amt des Segensmittlers zeigen kann, das Bewahren des Heilseins der ihm anvertrauten Welt.“ (C. Westermann, Schöpfung, Kreuz, Stuttgart/Berlin 1971, S. 76 f.).

Die biblischen Schöpfungstraditionen haben im RU ihren Ort als wichtige Angebote zur Selbstfindung und Lebensorientierung. Bedrohung begleitet als allgegenwärtige Erfahrung nicht nur Menschen in Babylon und Israel, sondern beeinträchtigt auch unsere Tage: Ungewisse Zukunftsperspektiven und Arbeitslosigkeit, soziale Kälte und zerbrechende Familienstrukturen, Hunger und Flucht in vielen Ländern, Raubbau an der Natur beeinträchtigen auch den Lebensmut unserer Sch und nähren das Gefühl der Ohnmacht.

Die biblischen Schöpfungsgeschichten sind geeignet, auch im Horizont der Bedrohung Lebensmut zuzusprechen, der sich aus einem Grundvertrauen in die Verlässlichkeit der in Gott ruhenden Schöpfung speist. Sie helfen uns, den Menschen in seiner Ambivalenz wahrzunehmen: als Ebenbild Gottes, das zur verantwortlichen Gestaltung dieser Welt berufen ist, *und* als einen, der durch ständige

Grenzüberschreitung Freiheit verspielt und den „Shalom" gefährdet. Die biblischen Urbilder von Freiheit und Verantwortung, von Segen und Gerechtigkeit, von Schuld, Versöhnung und Mitgeschöpflichkeit können uns helfen, Kriterien für eine heilsame Lebens- und Weltgestaltung zu entdecken und anzuwenden.

Biblisch erzählen

Der Schwerpunkt der biblischen Erzählungen in diesem Kapitel soll auf der Schöpfung liegen, die sich aus vielfältigen Einzelelementen unter dem Segen Gottes entwickelt hat und in diesem Sinne weiter wachsen soll. Der damit verbundene Gestaltungsauftrag des Menschen zum Leben und zur Bewahrung des Geschaffenen sollte ebenso betont werden. Neben Arbeit und Mühen bei der Schöpfung ist auch der Sonntag als schöpferische Pause hervorzuheben. Er dient dazu, das Geschaffene zu betrachten und zu genießen.

2. Kompetenzen und Ziele

Die Schülerinnen und Schüler …
- kennen zentrale Aussagen des Schöpfungsglaubens (Sachkompetenz)
- sind in Ansätzen mit Vorstellungen zur Entstehung der Welt vertraut (Sachkompetenz)
- nehmen das Geborgensein des bedrohten Lebens als zentrale Aussage biblischen Schöpfungsglaubens wahr (Wahrnehmungskompetenz)
- sind sich des Auftrags Gottes an den Menschen, die geschenkte Schöpfung zu bewahren, bewusst
- wissen um die Bedeutung dieses Auftrags und das damit verbundene Vertrauen, das Gott den Menschen entgegen bringt (soziale Kompetenz, Wahrnehmungskompetenz)
- können für sich selbst Bereiche benennen, in denen sie in ihrem eigenen Lebensraum zur Bewahrung der Schöpfung beitragen können (Transfer)

3. Unterrichtsschritte

a. Gottes Schöpfung bestaunen

Einstieg: Klasse unternimmt einen Wahrnehmungsspaziergang (Schulgelände, wenn vorhanden, eigener Schulgarten, nahe gelegenes Wald-/Wiesengelände, …) und erhält dazu den Auftrag, sich die Umgebung ganz genau anzuschauen und wahrzunehmen. Die Sch sollen Dinge aus der Umwelt mitbringen, die schön aussehen/gut riechen/sich gut anfühlen …

Erarbeitung: Nach dem Wahrnehmungsspaziergang erzählen Sch von ihren Wahrnehmungen und Erfahrungen (Welche Pflanzen, Tiere haben sie gesehen, welche Farben …, Hat etwas besonders schön geblüht?, Wie fühlt sich Baumrinde an, wie fühlt es sich an, über eine Wiese/Steine zu laufen, …), zu den Erzählungen der Sch werden die mitgebrachten Gegenstände der Sch gezeigt und zusammengetragen.

Die gesammelten Gegenstände stehen stellvertretend für die Vielfalt und Verschiedenheit, die es in der Umwelt zu sehen gibt.

Sch überlegen sich weitere (Lieblings-)Tiere, (Lieblings-)Pflanzen, (Lieblings-)orte, …, die es auf der Welt gibt (in der vertrauten Umgebung oder auch in anderen Teilen der Erde). Die Sch können sich hierzu auch Anregungen aus dem Internet, Büchern etc. holen und stellen diese dar.

Einstieg: Sch berichten über eigene Erlebnisse, die sie beim Spielen in der Natur haben. Hier gilt es auch zu berücksichtigen, dass manche Sch je nach Wohnverhältnissen nicht unbedingt die Möglichkeit haben, „im Grünen" zu spielen. Sch berichten über Möglichkeiten, die sich ihnen beim Spielen/Aufenthalt im Freien bieten. Als „zentraler" Spielort kann der Garten aufgegriffen werden bzw., falls vorhanden, der Schulgarten.

Erarbeitung: Sch tragen Assoziationen, die sie zu einem Garten haben, zusammen: Wiese, Teich, Gartentor, Pflanzen, Bäume zum Klettern, Terrasse, ...

Jeder Sch überlegt sich, wie sein „Paradiesgarten" aussieht und gestaltet seinen eigenen Garten.

Benötigte Materialien:
- (Obst-)Kiste, die mit Folie abgedichtet wird
- Erde, mit der der Boden der Kiste ausgelegt wird
- z. B. kleine Steine, um Wege in den Garten zu legen
- flache Schale, die als Teich in die Erde gesetzt werden kann
- Kressesamen, die als Rasen gesät werden können
- kleinere Pflanzen, die die Sch auch von zu Hause mitbringen können
- ...

Festigung: Sch stellen sich gegenseitig ihre „Paradiesgärten" vor und berichten, was sie in ihren Gärten alles machen können.

Im Gespräch wird thematisiert, dass ein Garten auch Aufgaben/Verantwortung mit sich bringt: Sch berichten, wie sie ggf. ihren Eltern bei der Gartenarbeit helfen müssen, bzw. überlegen, was zu tun ist, damit ihre Gärten weiter wachsen und blühen: regelmäßiges Gießen, damit der Rasen wächst und die Pflanzen nicht vertrocknen, dafür sorgen, dass die Pflanzen genügend Licht bekommen, ...

Sch bekommen Langzeitaufgabe, sich um ihre „Paradiesgärten" zu kümmern und sie zu pflegen.

Hinweis: Im Verlauf der Einheit die Sch über Veränderungen in ihrem Garten berichten lassen: Kressesamen wachsen zu „Rasen" heran, ...

Lied: Gottes Welt: ein großer Garten (1)

Kreatives Schreiben zum Lied: Die Sch können weitere Strophen selbst dichten, wobei darauf zu achten ist, dass das Versmaß in etwa stimmt. Dass jeweils am Zeilenende zwei Tiernamen sich aufeinander reimen, ist nicht unbedingt nötig.

Vorbereitendes Reim-Domino: Vor dem Texten wird mit Bild- und/oder Wortkärtchen Memory gespielt – die sich reimenden Tiere gehören jeweils zusammen. Die Sch können die Memorykarten selbst gestalten oder sich Bilder aus dem Internet oder Zeitschriften suchen.

b. Der Schöpfungshymnus (1. Mose 1,1–2,4a)

Einstieg: L erläutert Sch, dass sich die Menschen vor mehr als zweitausend Jahren auch schon Gedanken über die Entstehung der Erde gemacht haben und diese aufgeschrieben haben:

Zur Erzählung des Schöpfungshymnus (2) wird der Raum abgedunkelt, Sch kommen im Stuhlkreis zusammen, in dessen Mitte ein schwarzes Tuch liegt. L beginnt Erzählung des Schöpfungshymnus mit der Dunkelheit, die zunächst auf der Erde herrscht. Sch sollen die zu Beginn herrschende Dunkelheit nachempfinden und erhalten dazu den Auftrag, zu zweit durch den abgedunkelten Klassenraum zu gehen, wobei ein Partner die Augen geschlossen hat. Anschließend kommen die Sch wieder zusammen und tauschen sich über die gemachten Erfahrungen in der Dunkelheit aus: nichts sehen können, Unsicherheit, Gefahr, etwas zu übersehen/gegen etwas zu laufen, Angst, sich weh zu tun, ... Sch können auch über Erlebnisse/Erfahrungen berichten, die sie sonst schon im Dunkeln gemacht haben.

Erzählwerkstatt Szene 1 (2).

Erarbeitung: Nach der Erzählung überlegen sich die Sch die Bedeutung von Tag und Nacht und was sie damit verbinden (Tag: hell, aktiv, Wachstum durch Licht, Unternehmungen, Schule, ...; Nacht: Ruhe, Dunkelheit, Schlaf zur Erholung, ...; Tag und Nacht geben dem Leben Rhythmus).
Hinweis: Ein Schöpfungskreis soll mit Hilfe eines Papierkreises, der aus sieben einzelnen Kreisteilstücken besteht, die für jeweils einen Tag stehen, zusammengesetzt werden.

Als Symbol für den ersten Tag wird ein schwarzes „Tortenstück" (Farbe für Dunkelheit) auf ein Tuch gelegt.

Sch überlegen sich ein Motiv, das Tag/Nacht symbolisiert (Sonne, Sternenhimmel, Kerze als Lichtquelle, ...) und gestalten ein Tag/Nacht-Bild: Sch gestalten mit Wachsmalstiften ein DIN A-4-Papier mit bunten Flächen (Tag). Anschließend wird die Zeichnung mit einem schwarzen Wachsmalstift komplett übermalt (Nacht). Die Sch gestalten nun ein Motiv, indem sie mit einem feinen Schaber vorsichtig die schwarze Farbe abkratzen und darunter die bunten Farben zum Vorschein kommen lassen.

Lied: Als vor ihm das Chaos lag (3) Strophe 1.

Einstieg: L trägt Sch Erzählwerkstatt Szene II, III und IV vor (2).

Auf einem Globus schauen sich die Sch die Ozeane und Meere an und überlegen sich gemeinsam Fragen, die sie zum Thema Wasser/Luft/Pflanzen interessieren (z. B. Tiere in den Weltmeeren, Wasserverschmutzung, Luft-/Raumfahrt, verschiedenste (exotische) Pflanzenarten, ...).

Erarbeitung: Sch wählen je nach Interesse in Kleingruppen ein Thema aus und suchen aus Büchern, Zeitschriften und Internet Informationen zum jeweiligen Thema, die sie ihren Mit-Sch vorstellen.

Festigung: Als Symbol für den zweiten Tag wird ein blaues „Tortenstück" (Farbe des Wassers) in den Schöpfungskreis gelegt, versehen mit Wellen.

Als Symbol für den dritten Tag wird ein grünes „Tortenstück" (Farbe für Pflanzen) in den Schöpfungskreis gelegt, versehen mit einer Blume.

Als Symbol für den vierten Tag wird ein gelbes „Tortenstück" (Farbe für die Gestirne) in den Schöpfungskreis gelegt, versehen mit Sonne, Mond und Sternen.

Lied: Als vor ihm das Chaos lag (3) Strophen 1–4.

Einstieg: L trägt Erzählwerkstatt Szene V und VI (2) vor.

Erarbeitung: L bespricht mit den Sch, was die Rolle des Menschen gegenüber der restlichen Schöpfung ist: Was bedeutet es, jemanden als Untertan zu haben? (In der biblischen Geschichte des Moses haben z. B. die Ägypter die Israeliten als Untertanen ausgenutzt und unterdrückt, ...) Ist in der Schöpfungsgeschichte gemeint, dass Gott möchte, dass der Mensch die Natur ausnutzt? (Bedeutung der Schöpfung in ihrer Vielzahl und Schönheit noch einmal herausstellen, „und Gott sah, dass es gut war") Der Mensch soll in der Schöpfung leben, von der er auch Teil ist, und dafür sorgen, dass sie Gott weiterhin gefällt.
Hinweis: Hier kann der Bezug zu den von den Sch selbst gestalteten „Paradiesgärten" hergestellt werden mit dem Hinweis, dass die Sch hier auch die Verantwortung haben, sich um ihren Garten zu kümmern, damit die Pflanzen in ihren Gärten leben und wachsen.

Vertiefung: L zeigt Sch die Abbildung der Weltkugel, die in der Hand eines Menschen liegt, am OHP (4). Sch beschreiben, was sie sehen und geben Deutungsversuche: Erde liegt in der Hand eines Menschen, stellt Auftrag Gottes an den Menschen dar, sich die Erde untertan zu machen.

Hilfsfragen/weiterführende Fragen: Wie sieht die Hand aus? Schützend? Helfend? Zerstörend?

Anschließend zeigt der L den Sch dasselbe Bild, nur diesmal umgedreht, sodass die Weltkugel scheinbar aus der Hand zu gleiten droht. Sch betrachten das Bild und äußern sich hierzu. Als Hilfestellung können sich die Sch vorstellen, in diesem Moment auf der Erdkugel zu sitzen, die droht, aus der Hand zu fallen. Schüler überlegen sich Situationen, durch die der Mensch eine Zerstörung der Schöpfung verursacht: Umweltverschmutzung z. B. durch: Luftverschmutzung durch Autoabgase, Flugzeuge, …, Wasserverschmutzung durch Chemikalien/Abfälle, die im Wasser entsorgt werden, …

Sch erhalten AB (5) und bearbeiten es in Partner-/Kleingruppenarbeit.

Alternativ: Sch können ihre Ideen auch auf Packpapierbahnen als große Collage darstellen.

Sch gestalten aus Ton/Knete/… etwas (ein Tier, einen Menschen, …), das in der Schöpfung aus der fruchtbaren Erde hervorgegangen ist und das die Sch in der Schöpfung schützen wollen. Sch ergänzen mit der gestalteten Tonfigur ihren selbst entworfenen „Paradiesgarten“.

Als Symbol für den fünften Tag wird ein hellblaues „Tortenstück“ (Farbe für Wasser und Luft) in den Schöpfungskreis gelegt, versehen mit Fischen und Vögeln.

Als Symbol für den sechsten Tag wird ein orangenes „Tortenstück“ in den Schöpfungskreis gelegt, versehen mit der Zeichnung eines Menschen.

Lied: Als vor ihm das Chaos lag (3) Strophen 1–6.

Einstieg: Sch betrachten Schöpfungskreis, in dem jetzt noch ein „Tortenstück“ fehlt und überlegen, welches Element noch fehlt (Verweis z. B. auf die sieben Wochentage: Welcher Tag fehlt noch?)

Erarbeitung: Sch erzählen, was für sie der Sonntag bedeutet/was sie an Sonntagen unternehmen (Beisammensein in der Familie, gemeinsame Unternehmungen der Familie, (Kinder-)Gottesdienstbesuch, Ruhetag, Zeit, um eigenen Hobbys nachzugehen, sich mit Freunden treffen, …). Anhand der an der Tafel zusammengetragenen Informationen soll den Sch die Bedeutung des Sonntags als besonderer Tag/wöchentlicher Feiertag bewusst werden.

L trägt Erzählwerkstatt Szene VII (2) vor. L nennt den Sch die griechische und lateinische Übersetzung des Sonntags als *Tag der Sonne* und *Tag des Herrn.* Sch setzen diese Bezeichnung mit dem Schöpfungshymnus in Beziehung und überlegen, was sich am siebten Tag der Schöpfung ereignet haben könnte.

Als Symbol für den siebten Tag wird ein rotes „Tortenstück“ (als besonderer Tag) als abschließendes Element der Schöpfung in den Kreis eingefügt.

Lied: Als vor ihm das Chaos lag (3) Strophen 1–7.

Festigung: Anhand des Schöpfungskreises kann der Schöpfungskreislauf mit den Sch noch einmal wiederholend besprochen werden. Mittels der vielen verschiedenen enthaltenen Farben wird die Schönheit und Vielfalt der Schöpfung betont, die sich in ihren Einzelteilen zu einem gesamten Lebenskreis zusammensetzt und ergänzt. Sch überlegen sich Elemente aus der Natur, in der die Schönheit und Vielfalt an Farben sichtbar wird (schöne Blütenfarben, Regenbogen als Verbindung aller Farben, …)

Gestaltungsaufgabe zur Vielfalt in der einen Schöpfung:

Folgende Materialien werden benötigt: Vorlagen für den Farbenkreis (6), Pappe, Zahnstocher, Knete.

Vorgehen: Sch erhalten eine eigene Vorlage für einen Farbenkreis (6) und malen die Farbfelder mit den entsprechenden Farben aus bzw. kleben Tonpapier in den entsprechenden Farben in die Felder. Der Farbkreis wird anschließend auf Pappe geklebt und in der Kreismitte ein Loch gestochen, durch das der Zahnstocher gesteckt wird. Ober- und unterhalb der aufgesteckten Farbscheibe wird an dem Zahnstocher etwas Knete angebracht, sodass die Farbscheibe nicht mehr vom Zahnstocher abfallen kann. Anschließend drehen die Sch ihren Farbkreis so schnell wie möglich. Die vielen verschiedenen Farbtöne, die die einzelnen Elemente der Schöpfung darstellen, erscheinen beim Betrachten als eine Farbe: weiß. Die Sch sehen, dass die individuelle Vielfalt der Schöpfung sich in einer Einheit wiederfindet.

c. Naturwissenschaft und biblischer Schöpfungsglaube

Vorbemerkung: In elementarisierter Form kann auch die evolutionäre Sicht der Naturwissenschaften vergleichend angesprochen werden. Dies liegt um so mehr nahe, als durch Fernsehen, Sachbücher etc. bei vielen Kindern heute schon früh eine Auseinandersetzung mit dem Thema stattfindet.

Der Religionsunterricht muss hierzu auskunfts- und dialogfähig sein und die spezifische Sichtweise des jüdisch-christlichen Schöpfungsglaubens ins Spiel bringen können. Nur so können Sch beizeiten lernen, dass es nicht um ein Entweder-Oder, sondern um wechselseitige Ergänzung geht, in der beide Sichtweisen ihre relative Berechtigung haben. Wo die Naturwissenschaft nach Fakten, nach dem Wie, nach der Erscheinung fragt, liegt das Interesse der Theologie/des Glaubens im Bereich der (Be)Deutung für heute, der Existenz und der metaphorischen Tiefe.

Einstieg: Sch tragen ihre Kenntnisse/Vorstellungen zur Entstehung der Welt zusammen. Sch orientieren sich arbeitsteilig im Internet/in Sachbüchern zum Thema. Sie arbeiten mit Hilfe des L bestimmte Aspekte und Fragen heraus und stellen das Erarbeitete den Mitschülern vor.

Gegenüberstellung: Abschließend können beide Sichtweisen noch einmal aufeinander bezogen werden. Dazu können L und Sch geeignete Bildbeispiele aus Sachbüchern oder dem Internet zur Veranschaulichung verwenden. Zu dem jeweiligen Bild spricht zunächst Sch 1 den Text mit dem Wissenschaftsaspekt, nach einer kleinen Pause liest Sch 2 die Sichtweise der Bibel etc. Mögliche Aspekte zum Vergleich s. (7).

Abschlusslied: Als vor ihm das Chaos lag (3).

Lied: Gottes Welt: ein großer Garten

(Text und Musik: Siegfried Macht)

Beispiele für weitere Strophen:
… für die Pinguine und die Möwen, für die Zebras, Kängurus und Löwen.
… für den frisch frisierten feinen Pudel und den Wolf im fernen, fernen Rudel.
… für den Goldfisch und die schlanken Aale, für die Karpfen und die großen Wale.

Erzählwerkstatt: Der Schöpfungshymnus (1. Mose 1,1–2,4a)

Einstimmung:
Das Leben auf der Erde birgt jede Menge Unterschiedliches, das sich aber dennoch in einem großen Ganzen einordnet und zu dem zusammenfügt, was das Leben erst möglich macht.

Szene 1:
Erster Tag: Unterscheidung zwischen Himmel und Erde. – Es ist dunkel auf der Erde, weder Pflanzen noch Tiere können in der Dunkelheit leben und wachsen.

Szene II:
Zweiter Tag: Wasser sammelt sich am Boden. – Über den Wassern ist Luft zum Atmen und der Himmel.

Szene III:
Dritter Tag: Wasser trennt sich vom Land. – Ozeane und trockenes Festland entstehen. – Auf dem fruchtbaren Land wächst aus Samen eine Vielzahl an unterschiedlichen Pflanzen und Bäumen. Und Gott sah, dass es gut war.

Szene IV:
Vierter Tag: Unterscheidung zwischen Gestirnen am Himmel: Sonne für den Tag, Mond und Sterne für die Nacht. – Tag und Nacht können voneinander unterschieden werden. Und Gott sah, dass es gut war.

Szene V:
Fünfter Tag: Vielzahl an Wassertieren entwickelt sich. – Auch am Himmel ist eine Vielzahl an verschiedenen Vögeln zu sehen. – Gott sah, dass es gut war, segnete sie und sprach: „Seid fruchtbar und mehret euch."

Szene VI:
Sechster Tag: Vielzahl von Landtieren entsteht. – Auch die Menschen finden ihren Platz auf der Erde. Und Gott segnete sie und sprach zu ihnen: „Füllt die Erde mit euren Nachkommen. Tragt Verantwortung für die Erde und für alles, was auf ihr lebt."

Szene VII:
Siebter Tag: Vollendung der Entwicklung der Erde und des Lebens auf ihr. Es ist ein Tag der Ruhe nach all der Arbeit. – Und Gott segnete den siebten Tag und heiligte ihn.

Lied: Als vor ihm das Chaos lag

(Text und Musik: Siegfried Macht)

3. Damit das Land auch bringt Ertrag,
trennt's Gott vom Meer am dritten Tag.

4. Hoch am Himmel in Vertrag
nimmt er Lichter: vierter Tag.

5. Fische, Vögel, was er mag,
schuf der Herr am fünften Tag.

6. Mensch und Tier auf einen Schlag
schuf der Herr am sechsten Tag.

7. Weil ihm viel am Feiern lag,
sprach Gott schließlich: Ruhetag!

Erdkugel in der Hand

Die Schöpfung bewahren

Dinge, die die Schöpfung gefährden: Sammle aus Zeitschriften, Zeitungen oder Internet Überschriften zu Dingen, die die Umwelt belasten, und klebe sie hier auf.

Dinge, die helfen, die Schöpfung zu bewahren: Sammle aus Zeitschriften, Zeitungen oder Internet Überschriften zu Dingen, die helfen, die Umwelt zu schützen, und klebe sie hier auf!

Farbenkreis

Gestalte den Farbenkreis mit den entsprechenden Farben, schneide ihn aus und klebe ihn auf Pappe.
Stecke dann einen Zahnstocher durch die Mitte des Farbenkreises. Die Knete befestigst du ober- und unterhalb des Farbenkreises an dem Zahnstocher.
Dreh die Scheibe auf dem Zahnstocher so schnell du kannst! Was siehst du?

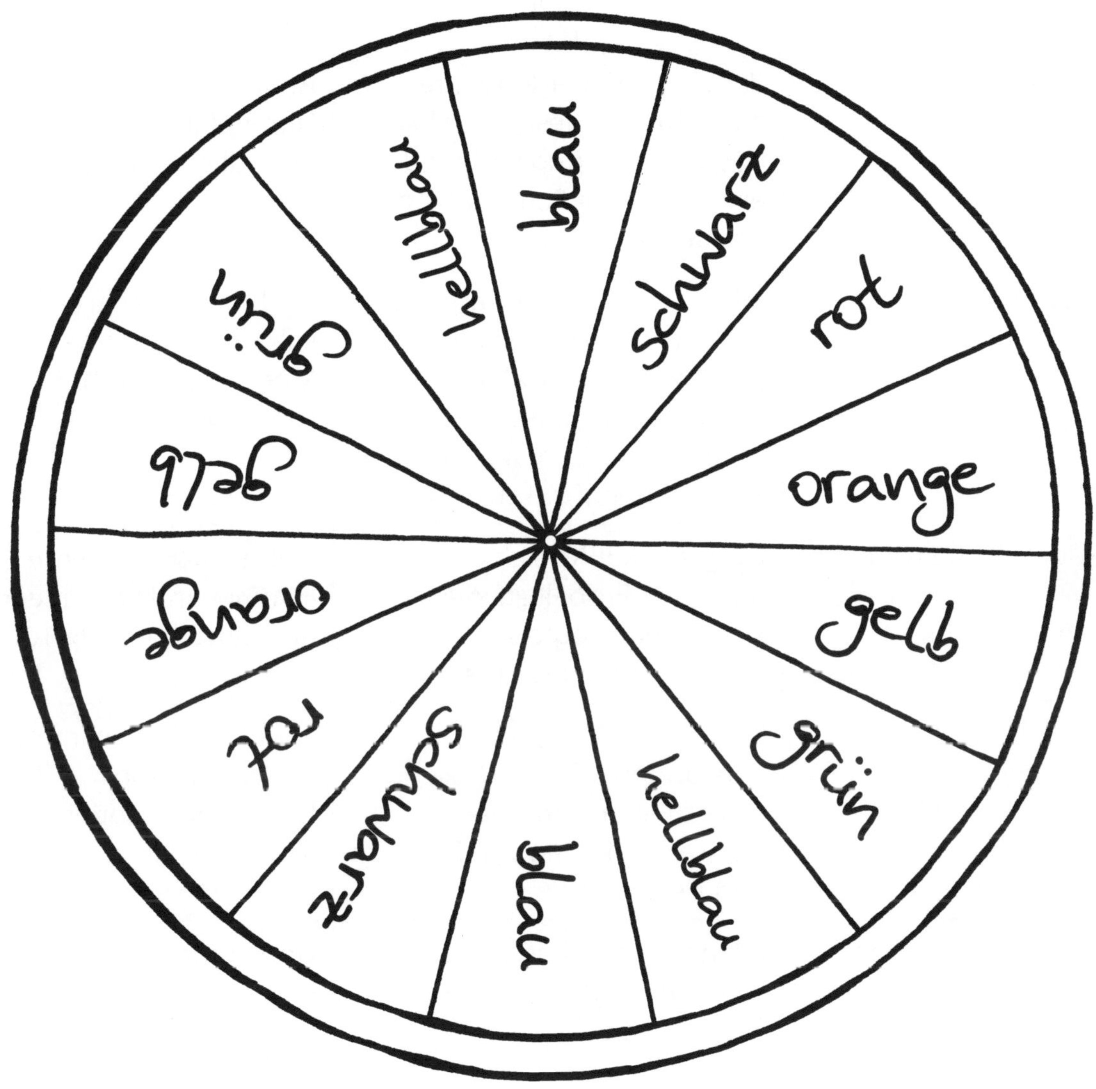

Vergleichende Aspekte von wissenschaftlicher und biblischer Darstellung

Bildmotiv	wissenschaftliche Darstellung	Biblische Darstellung
Dunkle Fläche mit vereinzelten aufgehellten Flächen		Am Anfang war nichts, nur Leere und Finsternis (Gen 1,2). Aber im Ursprung war das Universum schon vorhanden.
Universum	Vor ca. 13 Milliarden Jahren entsteht eine riesige Wolke aus Gas, glühend und wirbelnd, ein gewaltiger Feuerball – die Geburtsstunde des Kosmos!	Am Anfang schuf Gott Himmel und Erde, das unendliche Universum (Gen 1,1).
Milchstraßen	Millionen Jahre vergingen. Aus der Urwolke wurden glühende Bälle, Milliarden Galaxien, Sonnen und Planeten und unter ihnen nach unendlichen Jahrmillionen: unsere Erde.	Und Gott sprach: Licht soll werden, Sonne und Monde und Sterne (Gen 1,3–5; 14–18):
Erdkugel aus dem Weltall	Langsam kühlte sich der glühende Erdball ab, die Atmosphäre legte sich schützend um die Erde.	Gott sprach: Es werde Himmel und Erde, Meer und Land (Gen 1,6–10).
Leben im Wasser	Meere und Kontinente entstanden und im Wasser wuchs Leben: Einzeller, Mehrzeller, Leben von Pflanzen und Tieren.	Gott sprach: Es wimmle das Wasser von lebendigem Getier … (Gen 1,11 f.).
Land – Pflanzen – Tiere Mensch	Pflanzen und Tiere erobern Land und Luft – Lurche und Saurier, Biber, Vögel, Affen, … und schließlich der Mensch	Gott sprach, und es wuchsen Bäume und Kräuter, Fische und Vögel und Landtiere (Gen 1,11 f.).
Spinnennetz, Blütenstand o. ä. zum Thema: Schönheit der Schöpfung		Die Schöpfung ist noch nicht fertig. Gott erneuert und vollendet sie und wir sollen seine Partner sein.

D Noah, die Arche und der Regenbogen: Leben kann noch einmal beginnen

1. Theologische und didaktische Aspekte

Die Noah-Geschichte darf nicht isoliert gelesen werden, sondern muss aus dem Gesamtzusammenhang des Pentateuch, der fünf Bücher Mose, insbesondere aus der Geschichtsschau des Jahwisten heraus interpretiert werden. Der Jahwist (J), eine der beiden Quellen der Sintfluttradition, erzählt die Entstehung Israels durch Gottes Handeln von der Schöpfung bis zur Landnahme. Er entfaltet dabei folgenden theologischen Grundgedanken: Trotz Abfall und Schuld der Menschen (Gen 3,1 ff.; 4,1 ff.) setzt sich Jahwes universaler Heilswille im Blick auf Israel durch. Der Steigerung des menschlichen Frevels korrespondiert die Steigerung des göttlichen Heilswillens.

Die Sintfluterzählung ist aus zwei ursprünglich selbstständigen Traditionen (Jahwist und Priesterschrift) zusammengefügt, ohne dass die Endredaktion des Pentateuchs die vorhandenen Unstimmigkeiten und Widersprüche ausgeglichen hätte, z. B.

- zweimaliger Befehl, in die Arche zu gehen (Gen 6,18; 7,1)
- Angaben über die Tiere (vgl. 6,19 f.; 7,15 f. mit 7,2)
- Dauer der Flut (vgl. 7,4 mit 8,13).

Der Jahwist (J) verarbeitet in Gen 6 ff. ältere Traditionen, die bereits um 2000 v. Chr. in Mesopotamien aufgezeichnet wurden. Hier ist vor allem die 11. Tafel des akkadischen Gilgamesch-Epos zu nennen. – Gemeinsam ist den verschiedenen Fluttraditionen die Erfahrung von großen Überschwemmungen, die im Zweistromland immer wieder das Leben bedrohten.

Bedeutsam sind jedoch die Unterschiede:

Während das Gilgamesch-Epos die Flut mit einer Laune der Götter begründet und der Held vorrangig an die Rettung seines eigenen Besitzes denkt („Alles, was mein war, lud ich hinein …"), geht es in der jahwistischen Fassung um die „Verderbtheit" der Menschen, die (außer in Gen 6,1–4) kaum plausibel gemacht wird, und um die Rettung der Tierwelt.

Gleichwohl bleibt auch bei J irritierend, dass Jahwe die „erste Schöpfung" einfach auslöscht und mit den schuldigen Menschen auch die unschuldigen Kinder, Bäume, Blumen und Tiere umkommen lässt. Hatte es am Ende der Schöpfung nicht geheißen: „Gott sah an, was er gemacht hatte, und siehe, es war sehr gut." (Gen 1,31)?

Die Flut macht gleichsam das Werk des zweiten Schöpfungstages rückgängig. Dort hatte Jahwe die Chaos-Gewässer voneinander geschieden und ihnen Grenzen gesetzt. Doch das Leben blieb bedrohtes Leben; die Gnade, die heilsame Ordnung garantiert, blieb „aufhaltende Gnade" (H. Thielicke).

Für unsere Zeit gewinnt die Botschaft der Sintflutgeschichte eine neue, bedrückende Aktualität:

Angesichts eines mehrfachen Overkills und einer ständigen, vielfachen Bedrohung durch Umweltbelastungen und -schäden ist der potenzielle Weltuntergang nicht mehr allein mythischer Stoff aus grauer Vorzeit, sondern aktuelle Schreckensvision. Nur ist es jetzt der Mensch selbst, der in seiner Maßlosigkeit dabei ist, die Selbstzerstörung aller Dinge, das Ende und die Unbewohnbarkeit dieses Planeten zu inszenieren. Wann immer die Einheit realisiert wird – der aktuelle Bezug zur jüngsten Flutkatastrophe wird sich vermutlich leicht herstellen lassen. Eindrückliche Bilder, die zeigen, wie es bei einer Sintflut auf der Erde aussieht, liefern die Nachrichten regelmäßig.

Das eigentliche Thema in Gen 6ff. ist nicht der Untergang (die Sintflut selbst wird nur angedeutet), sondern Gottes Handeln an Noah: „Gott gedachte Noahs." Dieser fromme Mann, der „mit Gott wandelte" (6,9), wird zur Keimzelle eines neuen Anfangs jenseits der Katastrophe. Das Mandat aus 1,28 wird in 9,1 und 9,7 erneuert:

„Seid fruchtbar und mehret euch." „Um der Menschen willen" soll das neue Leben Bestand haben: „Ich will hinfort nicht mehr die Erde verfluchen … Solange die Erde steht, soll nicht aufhören Saat und Ernte, Frost und Hitze, Sommer und Winter, Tag und Nacht" (8,21). Gott ist kein Gott des Endes, sondern immer neuer Anfänge.

Aus den theologischen Einsichten sind didaktische Folgerungen abzuleiten. Grundschüler können an Noah lernen, was es bedeutet, dass er sich in seinem gesamten Tun – bis in die technischen Details des Schiffsbaus – führen lässt und sich als Werkzeug versteht. Sie können ferner lernen, dass er alles, auch das Kleine, Unscheinbare, Banale in seine Gemeinschaft mit Gott hinein nimmt.

Noah kann schließlich auch noch in Folgendem zur Modellfigur werden: Er tut mit aller Beharrlichkeit das Seine. Das Entscheidende aber überlässt er Gott: „Und der Herr schloss hinter ihm zu" (7,16), d.h., Gott sichert die Arche und ihre Insassen gegen die todbringenden Fluten ab.

Die vorliegende Einheit stellt den Aspekt der Verantwortung des Menschen für die ihm anvertraute Schöpfung unter dem Bundeszeichen des Regenbogens in den Vordergrund. Solche Verantwortung macht einerseits auf die Bedrohung der Schöpfung aufmerksam und lässt andererseits nach Gründen hierfür fragen; sie wird positiv wahrgenommen im Sinne der Pflege und Bewahrung des Anvertrauten.

Biblisch erzählen

Die Noahgeschichte thematisiert, dass in der Schöpfung Ungerechtigkeiten und Gewalt zunehmen und der Mensch seinem Auftrag, die Schöpfung verantwortlich zu verwalten und zu schützen, nicht mehr ausreichend nachkommt. Mit einer großen Sintflut soll dem ein Ende gesetzt werden. Nur Noah, der nach Gottes Auftrag lebt, soll mit seiner Familie und je einem Paar von jeder Tierart auf der Arche überleben. Nach dem Ende der Sintflut schließt Gott einen Bund mit Noah: Gott bekennt sich zu den Menschen. Die Schöpfung soll weiterhin bestehen und nicht mehr zerstört werden. Der Mensch soll unter dem Segen Gottes weiter in ihr leben. Die Menschen erhalten erneut den Auftrag, die Erde in Gottes Auftrag zu verwalten und zu schützen und mit ihren Nachkommen in der Schöpfung zu leben. Als Zeichen der Liebe Gottes zu den Menschen dient ein Regenbogen, der Gott und seine Schöpfung miteinander verbindet. Der Regenbogen soll gleichermaßen an Gottes Versprechen und seinen Auftrag für die Menschen erinnern.

2. Kompetenzen und Ziele

Die Schülerinnen und Schüler …
- sehen die Schöpfung und das Leben in der Schöpfung in ihrer Schönheit und in ihrer Gefährdung (Wahrnehmungskompetenz)

- wissen um die Verantwortung des Menschen für das ihm Anvertraute (soziale Kompetenz)
- verstehen die Geschichte der Arche Noah als einen Neuanfang der Beziehung zwischen Gott und den Menschen, der unter der hoffnungsvollen Selbstverpflichtung Gottes steht (Sachkompetenz)
- können das Bild vom Regenbogen gegenwartsbezogen unter den Aspekten Bund, Lebensbejahung und Zuversicht deuten (Deutekompetenz)
- kennen ihre persönliche Verantwortung für die Bewahrung der Schöpfung (soziale Kompetenz, Sachkompetenz)

3. Unterrichtsschritte

a. Wiederholung: Gottes Schöpfung – Und siehe, es war sehr gut

Einstieg/Wiederholung: Es kann wiederholend auf das Kapitel C *Schöpfung* eingegangen werden, mit den Schwerpunkten auf der Schönheit und Vielfalt in der Schöpfung und dem Auftrag Gottes an die Menschen, die Erde zu schützen. Sch äußern, was sie aus dem Kapitel Schöpfung behalten haben.

Sch schreiben auf grüne Wortkärtchen, was ihrer Meinung nach in Gottes Schöpfung sehr gut ist. Die Beiträge werden vorgestellt und an der Tafel um eine aufgezeichnete Erdkugel angeordnet.

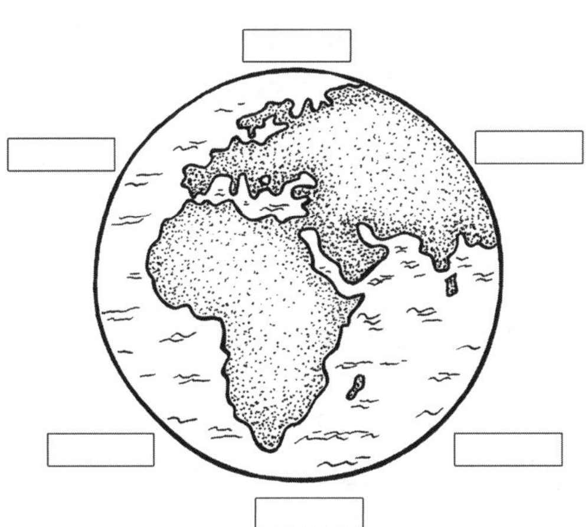

Erarbeitung: Sch gehen der Frage nach: Ist wirklich alles gut? Sch nennen Negativbeispiele und schreiben diese auf rote Wortkarten, die zur Gegenüberstellung in einem Kreis um die grünen Wortkarten herum angeordnet werden (z. B. Zerstörung und Ausbeutung der Umwelt, Streit, Krankheiten, …). Sch machen sich die Gegensätzlichkeit der roten Karten zu Gen 1,31 bewusst und überlegen, in welchem Rahmen sie in ihrem eigenen Alltag dieser Gegensätzlichkeit entgegenwirken und Gottes Schöpfungsauftrag entsprechen können (z. B. Verschmutzung von Landschaften – Vermeidung von unnötigem Abfall/Recycling).

b. Die Geschichte der Arche Noah (1. Mose 6,5–8,20)

Einstieg: L stellt Sch die „Die Geschichte der Arche Noah“ vor (1).

Parallel zu der Erzählung gestalten die Sch die Erzählung mit:

Zu Szene 2: Eine begrenzte, enge Fläche (z. B. durch Stühle/Tische) wird als Innenraum der Arche Noah mit einer braunen Decke ausgelegt. Die Sch kauern sich als Insassen der Arche auf den Boden. Während der Erzählung von der aufsteigenden Flut legt der L blaue Folie/Müllsäcke als Wasser um die Arche. Die Flut können die Sch durch schaukelnde Bewegungen darstellen.

Zu Szene 3: Als aufsteigende Taube kann man einen weißen Luftballon aufsteigen lassen. Zur Rückkehr der Taube kann der L einen (Öl-)Zweig in die Mitte der Arche legen. Anschließend wird zur Öffnung der Arche der Stuhlkreis aufgelöst und die Sch können sich frei im Klassenraum bewegen.

Lied: Spiellied von Noah und den Tieren (2)

Gruppenarbeit: Die Klasse wird in drei Gruppen eingeteilt, die sich mit verschiedenen Elementen der Geschichte beschäftigen:

Gruppe 1: *Vorbereitung/Materialien:* große Papierrollen, Papierkärtchen (in Form von Regenwolken)
Gruppe gestaltet auf einer großen Papierwand eine Arche (mit Wasserfarben, Stiften, …), überlegt, welche Tiere auf die Arche gegangen sind, und stellt die Insassen dar. Um die Arche herum kleben die Sch Papierkarten in Form von Regenwolken, auf die sie Gedanken schreiben, die Noahs Familie beim Betreten der Arche hat (Ungewissheit, was passiert; Angst; Zweifel, ob es die richtige Entscheidung ist, …) und ihre Empfindungen, die sie beim langen Ausharren in der Arche haben (langes, beengtes, unbequemes Ausharren, fehlende Bewegungsmöglichkeit, Ungeduld/Ungewissheit, wie lange sie ausharren müssen, verstärkte Zweifel, …).

Gruppe 2: *Vorbereitung/Materialien:* Kopien der Zeichenvorlagen der Tauben (s. Kapitel A Frieden (10)).
Gruppe gestaltet Tauben, die ausgesandt werden, nach Land Ausschau zu halten (Bastelvorlage s. Friedenstaube im Kapitel A Frieden). Die Sch schreiben auf Zettel Gedanken/Wünsche/Hoffnungen, die die Insassen der Arche haben, als die Taube ausgeschickt wird, um nach Festland Ausschau zu halten. Die Zettel werden an den Tauben befestigt und diesen mit auf die Reise gegeben. Die Tauben können z. B. an einem Weidenast befestigt werden, der über der gezeichneten Arche angebracht werden kann.

Gruppe 3: *Vorbereitung/Materialien:* Tisch als Danktisch, Tischdecke, Altarschmuck: Kerzen, Blumen, …, Papierkärtchen in Blumenform
Gruppe gestaltet einen Danktisch, den Noah nach der Errettung für Gott errichtet hat, und schreibt auf Papierkärtchen in Blumenform Ideen auf, wie sich Noah und seine Familie gefühlt haben/was sie gedacht haben, als die zweite Taube nicht zurückkam (1, Szene 3) und sie endlich die Arche verlassen und an Land gehen konnten.
Hinweis: Als Hilfestellung zur Lösung der Aufgaben sollen sich die Sch ggf. an ihre eigenen Empfindungen während des Ausharrens in der „Arche“ während der Erzählung erinnern.
Hinweis: Arbeitsaufträge der einzelnen Gruppen s. (3)

Die Gruppen stellen einander ihre Ergebnisse vor. Die einzelnen Arbeitsergebnisse werden zu einem Gesamtbild der Noahgeschichte zusammengefügt (Arche Noah mit den Insassen, Tauben über der Arche, Noahs Danktisch neben dem Schiff).

Vertiefung: Sch betrachten folgende Aspekte näher:
- Verhältnis von Noah zu Gott (Noahs uneingeschränktes Vertrauen zu Gott, zweifelt nicht an Gottes Auftrag und handelt ohne Einwände danach. Warum wendet Gott sich gerade an Noah?)
- Warum war der Bau der Arche notwendig? (Menschen zerstören die Erde, Gott möchte nicht, dass die Schöpfung zerstört wird.)
- War Gottes Verhalten gerecht oder hätte Gott die Menschen nicht von vorneherein „besser“ machen können?

Lied: Spiellied von Noah und den Tieren (2)

c. Der Regenbogen – Ein Zeichen für den Bund Gottes mit den Menschen

Einstieg: L trägt Sch die Erzählwerkstatt Gott schließt einen Bund mit den Menschen (4) vor.

Lied: Solang die Erde steht (5)

Erarbeitung: Sch äußern sich zur Erzählung. L zeigt Bild eines Regenbogens, Sch sammeln (naturwissenschaftliche) Erklärungen zum Entstehen eines Regenbogens bzw. suchen sich hierzu Informationen (Internet, Sachbücher, …). Sch werden sich der Deuteebene des Symbols Regenbogen als ewiges Zeichen des Bundes und der Selbstverpflichtung Gottes bewusst. Der Begriff Bund wird als ewiges Zeichen der liebenden Verbindung zwischen Gott und den Menschen erfahren.

Sch gestalten selbst einen Regenbogen, Anleitung s. (6).

Sch überlegen, wo sie selbst die Zusage Gottes spüren, für sie da zu sein. Wo merken sie, dass jemand für sie da ist? (Eltern, die sich z.B. um sie kümmern, …)

Festigung: Sch gestalten auf einer großen Papierwand einen Regenbogen. Jeder Sch bekommt einen Abschnitt zugeteilt, auf dem er eine Situation darstellt, in der jemand für ihn da ist, und gestaltet diesen Teil des Regenbogens farbig. Zur Vorstellung der Arbeitsergebnisse werden die Teile zum Regenbogen zusammengesetzt und die einzelnen Ideen werden vorgestellt.

Nach der Vorstellung der Zusage Gottes, die an dem einen Ende des Regenbogens platziert wird, lenkt L die Aufmerksamkeit auf das andere Ende des Regenbogens, das zu den Menschen führt. Welche Zusage können die Menschen Gott machen? Welche Aufgabe besteht durch den Bund für den Menschen?

Abschluss: Die Arbeitsergebnisse der Sch (Arche Noah; Taube, die ausgesandt wird; Danktisch; Regenbogen) werden zur Darstellung der Erzählung aufgebaut. Die Sch erzählen die Geschichte mit verteilten Rollen nach (Erzähler, Schauspieler für die Insassen der Arche; Musiker, die die Geschichte mit Orff-Instrumente untermalen). Begleitend zu der Darstellung Lied (2) singen.
Hinweis: weitere Anregungen zur Umsetzung s. „Wie neugeboren …“ – Ein Lebensfest in Ninive, in: Religionsunterricht praktisch 1–4 Feste feiern.

Erzählwerkstatt: Die Geschichte der Arche Noah

Einstimmung:
Die Menschen denken und handeln schlecht. Sie haben ihren Auftrag, sorgsam und mit Achtung in der Schöpfung zu leben und diese zu pflegen, vergessen. Ungerechtigkeiten und Gewalt nehmen immer mehr zu.

Szene 1:
Noah lebt nach Gottes Auftrag und versucht gerecht zu sein. – Noah sieht, dass die Schöpfung immer mehr durch die Menschen zerstört wird, obwohl sie selbst auch Teil der Schöpfung sind und in ihr leben. – Durch das zerstörerische Verhalten der Menschen kommt es zu einer starken Flut. Menschen und Tiere werden von ihr getroffen, nur Noah, dessen Familie und von jeder Tierart ein Paar können sich retten.

Szene 2:
Noah überlebt mit seiner Familie und den Tieren in einem großen Kasten aus Holz, der Arche Noah.

Szene 3:
Nach langer Zeit des Wartens lässt Noah eine Taube fliegen, um zu sehen, ob das Wasser zurückgegangen ist. Nachdem die Taube mehrmals vergeblich zurückgekehrt ist, findet sie schließlich Land und kommt mit einem Ölzweig im Schnabel zurück. Erst als Noah nach einer Zeit des Wartens noch eine Taube entsendet, die nicht mehr zur Arche zurückkehrt, ist sich Noah sicher, dass die Bewohner der Arche nun an Land gehen können. – Noah baut zum Dank für die Rettung einen Danktisch.

Lied: Spiellied von Noah und den Tieren

(Text: Rudolf Otto Wiemer · Musik: Siegfried Macht)

Strophen (auch im Kanon)

2. Und als die Arche fertig war,
da rief er: „Hallo, alles klar!"
Stall, Wand und Spind
Für Mensch und Rind,
auch für den Fuchs den roten,
mit seinen leisen Pfoten."
Ja, der Noah …

3. Da kam sogleich der Elefant,
er schnaufte freudig und verschwand
durchs große Tor
und schlug das Ohr,
nur um den Spaß zu kosten,
an den Kajütenpfosten.
Ja, der Noah …

4. Zwei Wölfe dann in raschem Lauf,
die hechelten den Berg herauf,
in scharfem Pass,
das Fell schweißnass,
so waren sie gesprungen
mit feuerheißen Zungen.
Ja, der Noah …

5. Der Seehund schaukelte heran,
das Reh, der Hase Mümmelmann,
der Dachs, die Maus,
der Floh, die Laus,
und wer da hatte Flügel,
der flatterte zum Hügel.
Ja, der Noah …

6. Zuletzt, es war schon ziemlich spät,
erschien des Löwen Majestät.
Er klopfte stolz
ans Archenholz
mit würdigem Gebaren:
„Ich denk, wir können fahren."
Ja, der Noah …

7. „Moment", sprach Noah, der sie zählt,
„ich glaube, dass noch eines fehlt."
Er schaut hinaus,
ruft: „Ei der Daus,
wer kommt da um die Ecke?"
Frau Katharin, die Schnecke.
Ja, der Noah …

Wie erging es Noah und seiner Familie während der Sintflut?

Gruppe 1: Zeichnet eine große Arche Noah, in der alle Tiere Platz finden, die euch einfallen. Malt, schneidet und klebt sie auf. Zeichnet große Regenwolken und klebt sie um die Arche herum.

Überlegt euch, was Noah und seine Familie beim Betreten der Arche gedacht haben und was sie gefühlt haben. Schreibt eure Ideen in die Regenwolken.

Gruppe 2: Schneidet die Tauben aus der Vorlage aus und gestaltet sie.

Überlegt euch, was sich die Archeinsassen gewünscht haben, als die Taube losflog, um Ausschau nach Land zu halten. Schreibt die Wünsche auf Zettel, und gebt sie der Taube mit auf ihre Reise.

Gruppe 3: Gestaltet einen Danktisch, wie ihn Noah nach der Rettung für Gott gebaut hat. Schmückt ihn mit schönen Dingen, die euch einfallen.

Überlegt euch, was Noah gedacht hat.
Zeichnet schöne Blumen und schreibt eure Ideen darauf.

Erzählwerkstatt: Gott schließt einen Bund mit den Menschen

Einstimmung:
Noah, seine Familie und die Tiere sind gerettet und haben die Arche verlassen. Sie sind erleichtert und froh, gerettet zu sein.

Szene 1:
Die Schöpfung soll weiter bestehen und die Menschen sollen in ihr leben. – Gott schließt einen Bund mit den Menschen: – Noah und seine Familie erhalten den Segen Gottes und den Auftrag, mit ihren Nachkommen auf der Erde zu leben und sie zu verwalten. Sie sollen das Leben achten.

Szene 2:
Als Zeichen der Liebe Gottes zu der Schöpfung dient ein Regenbogen, der Schöpfer und Schöpfung miteinander verbindet. – Er soll die Erinnerung an das Versprechen und den Auftrag wach halten.

Lied: Solang die Erde steht

(Text 1. Mose 8,22 Musik: Siegfried Macht)

Kanon für 2 Stimmen

Einen Regenbogen selber machen

Das brachst du: 1 Taschenspiegel, eine Schale mit Wasser, Sonnenstrahlen oder 1 Lichtstrahler

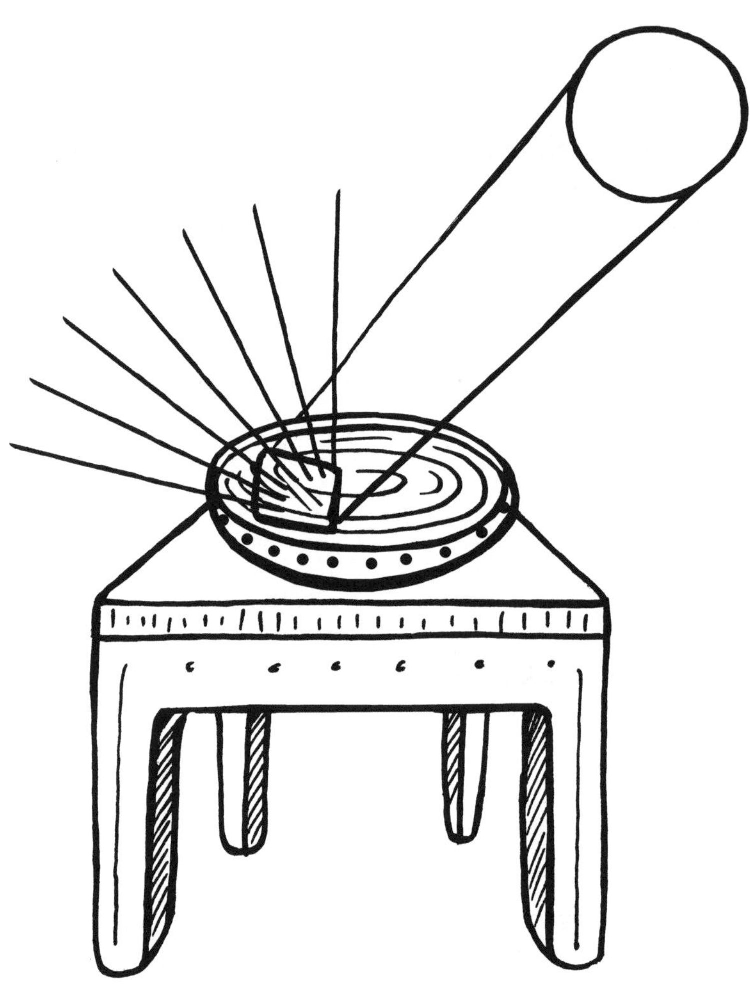

Lege den Taschenspiegel so in die Schale, dass das Licht auf den Spiegel fällt.
Die Sonnenstrahlen werden im Wasser gebrochen und die Lichtstrahlen zerfallen in die einzelnen Farben des Regenbogens.
Mit dem Spiegel kannst du die Strahlen an eine Wand reflektieren.
An der Wand siehst du dann die einzelnen Farben des Regenbogens.

Tipp: Vielleicht musst du den Spiegel ein wenig kippen, damit die Lichtstrahlen an die Wand reflektiert werden.

4 Jesus Christus

E Weihnachten: „… und Friede auf Erden"

1. Theologische und didaktische Aspekte

Die lukanische Weihnachtsgeschichte gehört fraglos zu den bekanntesten und beliebtesten neutestamentlichen Erzählungen, aber auch zu den am gründlichsten missverstandenen und so um ihren eigentlichen Sinngehalt gebrachten. Wer die Geburtsgeschichte in eine Gold schimmernde Legende verkitscht, übersieht deren nüchterne Attribute: Volkszählung und Steuerlisten, Futtertrog und Stroh; er übersieht auch den bedrohlichen Kontext: Kindermord in Bethlehem und Tod am Kreuz.

Lukas hat die Weihnachtsbotschaft jedenfalls anders, nüchterner, aber auch hoffnungsträchtiger verstanden. Mit dem Hinweis auf den Census des Augustus („Es begab sich aber zu der Zeit, dass ein Gebot von dem Kaiser Augustus ausging", Lk 2,1) verknüpft er Welt- und Heilsgeschichte miteinander.

Das sind auf der einen Seite die Repräsentanten der „Pax Romana": Augustus, Quirinus und auf der anderen Seite die – wie immer – anonymen Steuereintreiber und Listenausfüller, später werden noch hinzukommen: die Zöllner im Dienste der Besatzungsmacht und Pilatus. – Zwar feiert eine Inschrift Augustus als den Retter (Heiland), der alle bisherigen Herrscher übertrifft und den Städten des römischen Reiches Rechtsordnung und Frieden bringt und ihnen zu einer wirtschaftlichen Blütezeit verhilft, sodass die Menschen optimistisch in die Zukunft blicken.

Der Lobpreis sagt jedoch nichts darüber, dass dieser Friede von Gewalt – vor allem gegen die Schwachen – lebt und Herrschaft, rücksichtslos auf schlagkräftige Legionen gestützt, ausübt.

In diese zerrissene Welt tritt Gottes Friede ein: Statt des Palastes ein Stall, statt des Kaisers ein Kind, statt Macht Ohnmacht, statt der Würdenträger des Reiches die Hirten, statt des Machtzentrums Rom die entlegene Provinz Juda. Die Welt wird auf den Kopf gestellt und alle Maßstäbe werden verändert: „Er stößt die Gewaltigen vom Thron und erhebt die Niedrigen. Die Hungrigen erfüllt er mit Gütern und lässt die Reichen leer ausgehen" (Lk 1,52 f.).

Dieser neue, andere Friede ist durch Freude und Furchtlosigkeit charakterisiert. Er richtet die auf, die leiden, d. h. in erster Linie die Armen: die Hirten, die Krüppel, die Blinden, Lahmen und Aussätzigen, die verarmten Bauern und Landpächter. Für sie alle beginnt mit der Geburt Jesu das große Festmahl der Armen in Gottes Reich – hier auf Erden und jetzt; der Friedensmessias ist da! Dieser Friede ist Inbegriff eines von Gott gesegneten Daseins, Leben im Shalom, in dem die Unterschiede von oben und unten, arm und reich, Herr und Knecht nicht mehr gelten.

Die ersten Adressaten der Botschaft von der Geburt des Friedenskönigs sind Hirten. In alten Zeiten stehen sie stellvertretend für die im Leben Zukurz- und Zuspätgekommenen. Sie gelten als unehrlich und unzuverlässig: Sie liefern nicht alle neu geborenen Lämmer an die Besitzer der Herde ab, unterschlagen Felle, kommen ihren religiösen Pflichten nicht nach, lassen ihr Herden auf fremden Grundstücken weiden und handeln mit gestohlenem Gut. Vor Gericht ist ihr Zeugnis unwirksam.

Als erste Hörer und Boten der Weihnachtsbotschaft sind sie Vorläufer und Weggefährten der Blinden und Lahmen, der Zöllner und Bettler, denen Jesus die Teilhabe an Gottes Reich zuspricht.

Hirten sind Symbolfiguren der messianischen Zeit. In den Hirten der Weihnachtsgeschichte begegnen sich Erinnerung und Erwartung. Sie repräsentieren Menschen, deren Seelen noch empfindsam und für Wunder empfänglich sind.

Der Friede, der von Gott kommt, hat Wagnischarakter; er ist verletzlich und ungesichert – wie das Kind in der Krippe, das ihn „verkörpert". Der Herr aller Dinge – ein Kind!

Die Hirten haben sich vom Modellcharakter dieses anderen Friedens überzeugen und inspirieren lassen. Sie behalten die Friedensbotschaft der Engel nicht für sich, sondern stecken – in Vorwegnahme der Seligpreisungen („Selig seid ihr Armen …; ihr, die ihr jetzt hungert …; ihr, die ihr jetzt weint", Lk 6,20 f.) – andere an („Als sie es aber gesehen hatten, breiteten sie das Wort aus, das zu ihnen von diesem Kind gesagt war" – Lk 2,17).

Trotz tausendfacher Widerlegung und Verhöhnung der Engelbotschaft: Die Rettung der Welt liegt nicht bei den Mächtigen, die sich eine Absicherung des Friedens nur durch Gewalt und Waffen vorstellen können; Hoffnung geht allein von denen aus, die Jesus „Friedensstifter" nannte (Mt 5,9) und die sich – unter Verzicht auf Macht und Machtmittel – zu Schritten auf dem Weg des Friedens anstiften lassen. Janusz Korczak, Martin Luther King oder Oscar Romero sind glaubwürdige Beispiele für ein authentisches Leben aus dem Frieden Gottes. Den Friedensstiftern gilt die Verheißung: „Sie werden Kinder Gottes genannt."

Die Weihnachtsgeschichte trifft im 4. Schuljahr auf Kinder, denen sie schon vertraut ist und die zudem in einer Welt leben, in der Weihnachten immer schon gefeiert wird. Können sich da überhaupt noch neue Akzente, noch neue Einsichten einstellen, die der Intention von Lukas 2 gerecht werden und die zudem die Möglichkeit in sich tragen, Schüler in diesem alten, arg strapazierten Text ihrer eigenen Wirklichkeit begegnen zu lassen?

Die Weihnachtsbotschaft einmal unter den leitenden Gesichtspunkten des Friedens als das höchste Erdengut zu stellen, kann sich hier als hilfreich erweisen und den Sch neue, unabgenutzte Einsichten vermitteln. Die Akzentuierung führt aus einer individualisierenden Engführung im Verständnis der Weihnachtsgeschichte heraus und schärft den Blick auch für die „leibhaftigen" Konsequenzen eines Friedensengagements, das sich aus dem Frieden speist, der aus dem Geist der Liebe erwächst und auf Macht verzichtet. In Verbindung, zugleich auch Abgrenzung und Erweiterung zu Kapitel A, soll in diesem Kapitel der Fokus auf dem inneren Frieden mit Bezug zur Weihnachtsgeschichte liegen.

2. Kompetenzen und Ziele

Die Schülerinnen und Schüler …

- können die Botschaft von der Geburt des Friedenskönigs im Horizont alttestamentlicher Friedensverheißungen deuten (Deutekompetenz)
- können die Weihnachtsgeschichte als eine Friedensgeschichte einordnen (Sachkompetenz)
- können den Zusammenhang von Weihnachten und Frieden begründen (Transfer)
- können an Beispielen aus dem NT belegen, wie Jesus im Umgang mit Menschen aus dem Geist der Liebe Frieden stiftet und neues Leben ermöglicht (Sachkompetenz, Transfer)

3. Unterrichtsschritte

a. Friedenslicht aus Bethlehem

Vorbemerkung: Seit 1986 wird auf Initiative des Österreichischen Rundfunks (ORF) jedes Jahr in den Wochen vor Weihnachten in der Geburtsgrotte von Bethlehem durch ein österreichisches Kind das „Friedenslicht" entzündet. Von Israel aus reist das Licht per Flugzeug nach Wien, um von dort durch Pfadfinder in viele Länder Europas und in die USA weitergetragen zu werden. Das Licht verkündet die Geburt Jesu, die „Frieden auf Erden" und Hoffnung begründet und die Sehnsucht nach Frieden wachhält. Viele Menschen sollen sich so zum tätigen Einsatz für den Frieden verpflichten.

Weitere Informationen zur Aktion „Friedenslicht aus Bethlehem" sind zu finden unter: www.friedenslicht.de.

Symbol des Friedenslichts s. (1)

Einstieg: In der Mitte des Stuhlkreises steht eine brennende Kerze als symbolische Friedenskerze. Sch nennen Assoziationen/Gefühle/..., die sie zur brennenden Kerze haben (Wärme, Geborgenheit, Licht, ... Feuer, ...). L berichtet von der Aktion „Friedenslicht aus Bethlehem" und zeigt einige Fotos von der Aktion (s. www.friedenslicht.de).

Sch äußern sich zu der Aktion Friedenslicht, ggf. sind ihnen ähnliche Aktionen wie Friedensmärsche mit Kerzen, ... bekannt. Auch kann hier noch einmal der Bezug zu Kapitel A. Frieden säen – Hoffnung ernten hergestellt werden.

Erarbeitung/Wiederholung: L nennt Friedensgruß der Engelschar Lk 2,13 f. („Ehre sei Gott in der Höhe und Friede auf Erden"). Sch erkennen Themenbereich der Weihnachtsgeschichte, stellen Zusammenhang zwischen dem Thema Frieden und der Weihnachtsgeschichte her und nennen Aspekte zur Weihnachtsgeschichte, die ihnen aus früheren Einheiten noch bekannt sind.

Lied: Lied vom Friedenslicht aus Bethlehem (2)

b. Hirtenträume vom Frieden

Einstieg: Sch sitzen im Kreis auf dem Boden, in der Mitte brennt eine Kerze (Assoziation: Hirten, die um ein Lagerfeuer sitzen). Sch berichten, was sie alles über das Leben der Hirten wissen (ziehen mit ihren Schafherden im Land umher, werden vertrieben und umhergestoßen, karges, einfaches Leben am Rand der Gesellschaft, ...). Falls aus den Sch-Äußerungen noch nicht erfolgt, weist L darauf hin, dass Hirten ein hartes Leben am Rande der Gesellschaft geführt haben.

L verteilt an Sch Musikinstrumente. Sch überlegen, wie hartes, einsames Leben der Hirten musikalisch ausgedrückt werden kann (langsame, tiefe Töne, ...) und wie im Gegensatz dazu Hoffnung auf ein fried- und freudvolles Leben musikalisch dargestellt werden kann (hohe, helle Töne). L verteilt an vier Sch Rollenkarten (3) zur Darstellung des Lebens der Hirten damals, die die Sch abwechselnd vortragen, Mit-Sch spielen zwischen den einzelnen Aussagen erarbeitete musikalische Sequenzen ein. Ein Sch verteilt Deko-Sterne um die Kerze herum (s. Hinweis in 3). Zwei Sch lesen Prophezeiungen auf den kommenden Frieden aus der Bibel vor.

Erarbeitung: Sch äußern sich zum Rollenspiel, offene Fragen werden geklärt. Sch erarbeiten, was mit der Aussage Joschuas über die Prophezeiungen der alten Schriften gemeint ist (Ankündigungen der Geburt Jesu/des Reiches Gottes im alten Testament)

Die Klasse wird in zwei Gruppen aufgeteilt:

Sch der Gruppe 1 tragen in Partnerarbeit die Aspekte des fried- und freudlosen Lebens der Hirten, die im Rollenspiel genannt wurden, zusammen. Sch zeichnen mit der Schablone (4) auf schwarzes Tonpapier Schafe, schneiden diese aus und schreiben darauf die herausgearbeiteten Aspekte. Zur Besprechung werden alle Schafe gesammelt und auf grünem Tonpapier (= Weide) aufgeklebt.

Sch der Gruppe 2 tragen in Partnerarbeit die Punkte zusammen, die den Menschen in den Prophezeiungen Hoffnung auf ein besseres Leben machen. Sch zeichnen mit der Schablone (4) auf gelbes Tonpapier Schafe, schneiden diese aus und schreiben darauf die herausgearbeiteten Aspekte. Zur Besprechung werden alle gelben Schafe eingesammelt und auf ein weiteres grünes Tonpapier geklebt. So können in der Besprechung die schwarzen Schafe (= Aspekte des friedlosen Lebens der Hirten) den gelben Schafen (= Aspekte der Hoffnung auf ein friedvolles Leben) gegenübergestellt werden.

Vertiefung: Sch stellen in Kleingruppen schauspielerisch die Aspekte der Hoffnung der Hirten auf ein zukünftiges, friedvolles Leben dar (5).

c. Mit dem Friedenskönig verändert sich das Leben

Einstieg: Sch setzen sich in einem möglichst abgedunkelten Raum wieder im Kreis auf den Fußboden. L greift noch einmal die klägliche Lage der Hirten auf und stellt Sch die Erzählung von Natan, einem Hirten, vor (6).

L legt zu der brennenden Friedenskerze den Text des Engelhymnus: „Ehre sei Gott in der Höhe. Den Menschen auf Erden schenkt er Frieden.“

Sch besprechen, was aus Sicht der Hirten in der Geschichte mit *Frieden* im weiteren Sinne gemeint sein könnte: Durch das Sehen des Friedenskindes im Stall wird bei den Hirten die Hoffnung auf ein friedvolleres Leben geweckt. Es macht den Hirten Mut, dass sie nicht mehr am Rande der Gesellschaft stehen werden, sie spüren, dass durch die Liebe, die in dem Stall herrscht, Brücken gebaut werden können und Freude empfangen und weitergegeben werden kann.

Lied: Da berühren sich Himmel und Erde (7)

Sch gestalten einen Hoffnungsengel (8), den sie einer Person schenken, der sie Mut machen wollen/der sie eine Freude bereiten wollen. Dazu benötigte Materialien: durchsichtiges Papier zum Durchzeichnen, Tonpapier in einer Farbe nach Wahl der Sch, Schere, Kleber, Stifte.

d. Friedensspuren suchen

Einstieg: Im Klassenraum sind in geschützten Gefäßen Friedenslichter verteilt. Neben jedem dieser Lichter liegt eine (den Sch bekannte) Jesusgeschichte als Hoffnungs- und Mutmachgeschichte. (9). (Um den Sch paralleles Arbeiten zu ermöglichen, ist jeder Text mehrmals vorhanden.) Die Texte können zur Unterscheidung auf verschiedenfarbigem Papier ausgedruckt werden. Neben den Texten werden Karten ausgelegt, auf die die Sch schreiben, wie Gott in dieser Geschichte durch Jesus Frieden bringt.

Zur Besprechung der Arbeitsergebnisse können die Geschichten noch einmal kurz vorgestellt werden. Die Antwortkarten der Sch werden nach inhaltlichen Aussagen sortiert. Jeder Text wird abschließend zusammen mit den Antwortkarten auf ein Poster geklebt, das dann als Arbeitsergebnis im Klassenraum aufgehängt werden kann.

e. Ein Friedenslicht verschenken

Einstieg: L stellt noch einmal Friedenslicht in die Mitte und erinnert daran, dass das Friedenslicht von Bethlehem aus in die Welt (weiter)getragen wird.

Sch gestalten in Einzel- oder Partnerarbeit ein Friedenslicht, das sie z. B. bei der Weihnachtsfeier an Sch der anderen Klassen weitertragen können. Sch überlegen sich Motive, mit denen sie ihr Friedenslicht verzieren können (Friedenssymbole, Weihnachtsmotive, die Worte „Frieden“ oder „Weihnachten“ in verschiedenen Sprachen, ...)

Variante 1 der Gestaltung eines Friedenslichts:
benötigte Materialien: Teelichter, kleine Gläser o.ä. zur Aufbewahrung des Teelichts, Architektenpapier/festes Transparentpapier, doppelseitiges Klebeband (zum Aneinanderkleben der beiden Papierhälften, die um den Kerzenhalter angeordnet werden)

Vorgehen: Sch erhalten zwei gleich große Bögen Architekten-/Transparentpapier und gestalten darauf die ausgewählten Motive. Die beiden Bögen werden um das Teelicht im Glasgefäß platziert und an den schmalen Seiten der beiden Bögen mit dem doppelseitigen Klebeband zusammengeklebt. (Enden sollten sich zum Zusammenkleben etwas überlappen).

Variante 2 der Gestaltung eines Friedenslichts:
benötigte Materialien: Teelichter, kleine Gläser o.ä. zur Aufbewahrung des Teelichts, Goldfolie, Pricknadeln/Nähnadeln, Doppelklebeband (s.o.)

Vorgehen: Sch übertragen die ausgewählten Motive mit der Pricknadel auf die beiden Folienblätter. Diese werden wie bei Variante 1 um das Teelicht befestigt.

Sch stellen sich gegenseitig ihre Arbeiten vor und verteilen anschließend ihre Friedenslichter.

Symbol des Friedenslichts

Lied vom Friedenslicht aus Bethlehem

(Text: Ulrich Walter Musik: Reinhard Horn)

F B/F F C B C
Das klei - ne Städt-chen Beth - le - hem hat Gott sich aus - er-wählt, dort

F B/F F C B C
kommt in ei - nem Krip - pen - stall Ma - ri - as Sohn zur Welt. 1.Und
2.Des

B C A7/Cis Dm7
Got - tes Glanz geht auf im Lied, das uns der En - gel singt: Das
En - gels gu - te Bot - schaft taucht die Welt in neu - es Licht: Der

Gm7 F/A B C7 F
Kind im Stall ist Got - tes Sohn, der uns den Frie - den bringt!
Frie - den ruht auf Got - tes Sohn, der in der Krip - pe liegt!

Aus: R. Horn/U. Walter, Advent und Weihnachten mit dem Friedenskreuz, Kontakte Musikverlag/Junge Gemeinde, Lippstadt/Stuttgart 2008

Hirtenalltag in friedloser Zeit

Erzähler:
Es ist Nacht, dunkle, kalte Nacht in Bethlehem. Nur ein Feuer spendet ein wenig Wärme. Die Schafe und Ziegen kuscheln sich in der sicheren Hürde aus Dornengestrüpp eng aneinander. Hier kann so schnell keine streunende Hyäne einbrechen und eines der Tiere reißen. Wenn die Tiere schlafen und Sterne am Himmel aufziehen, kommen die Hirten ins Grübeln:

Micha, 1. Hirte:
Die Zeiten sind schlecht für uns arme Leute. Meine Frau und meine vier Kinder müssen hungern, kein Wunder bei dem bisschen Geld, das der reiche Bauer uns Hirten für die Arbeit gibt.

Einspielen von trauriger, dumpfer Musik

Natan, 2. Hirte:
Ja, die Zeiten sind schlecht. Für viele Leute sind wir Hirten der letzte Dreck. Lügner und Diebe nennen sie uns, sagen, dass wir nicht alle neugeborenen Lämmer an die Besitzer der Herden abliefern und Felle stehlen. Sie verachten uns, weil unsere Mäntel schmutzig sind und stinken. Und sie vertreiben uns von ihren Weiden und Feldern.

Einspielen von trauriger, dumpfer Musik

Joschua, 3. Hirte:
Die Zeiten sind schlecht. Aber am schlimmsten sind die Römer. Die römischen Soldaten sind überall und schikanieren uns. Auf alles müssen hohe Steuern und Zölle bezahlt werden. Zum Leben bleibt fast nichts mehr. Um unser Recht betrügen sie uns, werfen uns für Kleinigkeiten ins Gefängnis. – Wann wir dieses Elend endlich aufhören? Wann wird endlich Friede sein? – Haben nicht die alten Schriften unserer Väter von Frieden und Gerechtigkeit geschrieben?

Einspielen von trauriger, dumpfer Musik

1. Leser einer Prophezeiung:
Das Volk, das im Dunkel und Elend lebt, sieht ein helles Licht: Gott zerbricht das Joch der fremden Herrscher und den Stock, der zur Zwangsarbeit antrieb. Die Soldatenstiefel und die blutbefleckten Soldatenmäntel werden verbrannt. Denn ein Kind wurde für uns geboren. Gott hat es zum Friedenskönig bestimmt. Wenn dieses Kind den Thron besteigt, wird Friede sein, Friede überall, Friede ohne Ende.

(nach Jesaja 9)

Einspielen von hoffnungsvoller Musik

2. Leser einer Prophezeiung:
Du, Tochter Zion, freue dich sehr, und du, Tochter Jerusalem, jauchze! Siehe, dein König kommt zu dir, ein Gerechter und ein Helfer, arm und reitet auf einem Esel, auf einem Füllen der Eselin. Denn ich will die Wagen wegtun aus Jerusalem und der Kriegsbogen soll zerbrochen werden. Denn er wird Frieden gebieten den Völkern.

(nach Sacharja 9,9 f.)

Schablone für ein Schaf

Arbeitsauftrag zur szenischen Darstellung

Stell dir vor, du machst abends am Lagerfeuer der Hirten Halt und setzt dich zu den Hirten.
Überlegt in der Gruppe, was gesagt werden kann, um den Hirten Mut und Hoffnung auf eine friedvolle Zukunft zu machen. Nehmt die gelben Friedensschafe zu Hilfe.
Spielt die Begegnung mit den Hirten euren Mitschülern vor.

Natans Traum

Manchmal, erinnert sich Natan, werden Träume wahr. So wie der Traum, den er in jener Nacht hatte, die später die heilige Nacht genannt wurde:

Ich schlief mit den anderen Hirten in der Nacht wie immer bei den Schafen. Da träumte ich, dass über uns der Himmel ganz hell wurde und zu leuchten begann.

(L stellt Friedenslicht in die Mitte.)

Im Traum glaubten wir Hirten Stimmen zu hören, die scheinbar vom Himmel kamen. Es hörte sich an wie Engelworte:

> „Habt keine Angst! Ich habe gute Nachricht für euch, alle Menschen werden sich darüber freuen. Heute Nacht wurde in Bethlehem euer Retter und Helfer geboren, ein Königskind, ein Friedenskönig. In einem Stall, in einer Futterkrippe wartet er auf euch."

Und dann glaubte ich, noch viel mehr Engel jubeln zu hören:

> „Ehre sei Gott in der Höhe. Den Menschen auf Erden schenkt er Frieden!"

Zunächst waren wir Hirten sehr erschrocken und konnten nicht glauben, was wir gerade erlebt hatten: War das wirklich wahr? Warum hatte der Engel gerade uns Hirten als Ersten diese wichtige Botschaft gebracht, dass der neue Friedenskönig geboren war?

Dann brachen wir aber doch eilig auf nach Bethlehem, um uns das Kind im Stall von Bethlehem anzusehen.

Als wir dort ankamen und das Friedenskind in der Krippe liegen sahen, waren wir voller Bewunderung und beteten das Kind an.

Wir freuten uns und waren dankbar, dass wir das Jesuskind als Erste sehen durften. Im Stall hatten wir trotz der ärmlichen Umgebung, die so gar nicht als Ort für ein Neugeborenes passte, bei den Eltern und dem Jesuskind so viel Frieden und Liebe gespürt. Das gab uns Hoffnung, dass auch in unserem kargen Leben Friede einkehren könnte. Der Stall wurde für uns ein Ort, an dem sich Gott auf die Seite der Armen, Kranken und Benachteiligten stellte. Für uns Hirten waren dieses Erlebnis und diese Nacht wie der Himmel auf Erden.

Lied: Da berühren sich Himmel und Erde

(Text: Thomas Laubach Melodie: Christoph Lehmann)

2. Wo Menschen sich verschenken, die Liebe bedenken und neu beginnen, ganz neu, da berühren sich Himmel und Erde …
3. Wo Menschen sich verbünden, den Hass überwinden und neu beginnen, ganz neu, da berühren sich Himmel und Erde …

Bastelanleitung für einen Hoffnungsengel

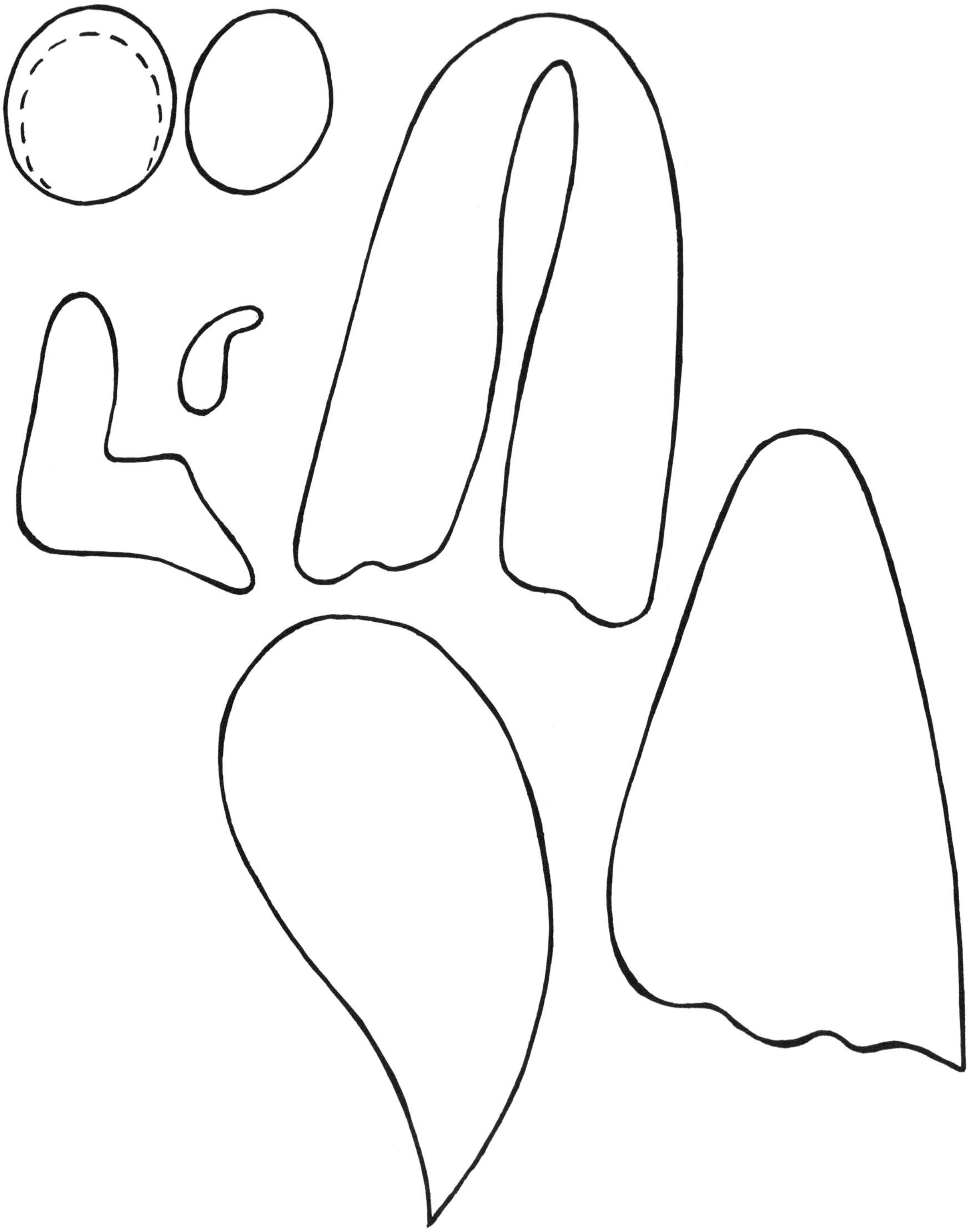

Zeichne die Schablonen auf das durchsichtige Papier durch. Schneide die Teile aus. Benutze sie als Schablonen auf deinem ausgewählten Tonpapier. Zeichne die Teile auf dem Tonpapier nach und schneide sie aus. Die Papierteile kannst du (je nach gewünschter Körperhaltung) zusammenkleben. Schreibe auf den Engel deine Hoffnungsbotschaft.

Hoffnungs- und Mutmachgeschichten

Zachäus

Jesus kommt nach Jericho. In der Stadt wohnt auch Zachäus. Zachäus ist reich, sehr reich. Aber die Leute verachten ihn. Denn Zachäus ist reich, weil er ihnen als Zöllner viel Geld abgepresst hat.

Zachäus möchte gern Jesus sehen. Aber er ist klein. Eingekeilt in der Menge kann er nichts sehen. Schlau klettert er auf einen Baum. Von hier oben kann er alles gut überblicken. Dann kommt Jesus vorbei – und sieht den kleinen Mann im Baum sitzen. „Komm herunter!", ruft er Zachäus zu. „Ich möchte dein Gast sein. Ich möchte in deinem Haus Rast machen."

Gern bewirtet Zachäus Jesus. Voller Glück verspricht er ihm: „Mein Reichtum macht mir keine Freude mehr. Ich gebe freiwillig das Geld zurück, das ich den Leuten abgenommen habe. Von heute an will ich ehrlich sein."

(nach Lk 19,1–10)

Jesus segnet Kinder

Frauen bringen ihre Kinder zu Jesus. Jesus soll die Kinder segnen. Die Jünger wollen die Frauen mit ihren Kindern wegschicken. Jesus aber wird ärgerlich. Er sagt zu den Jüngern: „Lasst doch die Kinder zu mir kommen! Gerade für sie steht Gottes Reich offen!" Dann legt er den Kindern die Hände auf den Kopf und segnet sie.

(nach Mk 10,13–16)

Der barmherzige Samariter

„Wer ist mein Nächster?", will jemand von Jesus wissen. Jesus erzählt eine Geschichte: „Ein Mann ging von Jericho hinab und wurde von Räubern überfallen. Ausgeraubt und halb tot ließen sie ihn liegen. Zufällig kam ein Priester vorbei. Der sah den Verletzten und ging vorbei. Ebenso machten es ein Levit (ein Tempeldiener). Schließlich kam ein fremder Mann aus Samarien des Weges. Er hatte Mitleid mit dem verletzten Mann. Er goss Öl und Wein auf seine Wunden und verband sie. Dann hob er ihn auf seinen Esel und brachte ihn zu einer Herberge und pflegte ihn. Am nächsten Morgen gab er dem Wirt zwei Geldstücke für die Pflege des Verletzten. Er sagte: „Kümmere dich um ihn. Und wenn du mehr Ausgaben hast, werde ich dir das Geld geben, wenn ich wiederkomme."

(nach Lk 10,29–35)

Feinde lieben

Jesus sagt: „Ihr habt gelernt: Du sollst deinen Freund lieben, deinen Feind aber sollst du hassen!

Ich aber sage euch: Ihr sollt eure Feinde lieben und auch für die beten, die euch schlecht behandeln!"

(nach Mt 5,43 f.)

Speisung der 5000

Jesus zog sich mit seinen Jüngern in die Einsamkeit zurück. Als die Leute das merkten, folgten sie ihm. Und er ließ sie zu sich kommen, sprach zu ihnen vom Reich Gottes und machte alle gesund, die Heilung nötig hatten. Als der Tag zu Ende ging, traten die Jünger zu ihm und sagten: „Lass die Leute gehen, damit sie sich in den Dörfern ringsum Essen kaufen." Er aber sprach: „Gebt ihnen zu essen!"

Sie aber antworteten: „Wir haben nur fünf Brote und zwei Fische." Jesus sprach: „Bringt sie mir her!" Und er ließ die Leute sich ins Gras setzen und nahm die fünf Brote und zwei Fische. Er sah zum Himmel auf, dankte, brach sie und gab die Stücke den Jüngern und diese teilten sie unter den Leuten aus.

Alle aßen und wurden satt. Es blieben sogar noch zwölf Körbe voll Reste übrig. Etwa 5000 Männer, dazu noch Frauen und Kinder, waren satt geworden.

(nach Mt 14,13–21)

F Tod und Auferstehung Jesu: Leben wird es geben

1. Theologische und didaktische Aspekte

„Leben" als didaktischer Leitbegriff ist auch in der biblischen Überlieferung von hoher Wertigkeit (die Zürcher Bibel-Konkordanz nennt mehr als 400 Belege für „Leben" und über 200 für „leben"!). – „Erfülltes Leben" ist für das AT vorzugsweise ein Leben, das durch hohes Alter gesegnet ist und das in den Kindern weiterlebt (Kinder=„Segen"). „Leben" ist aber vor allem ein Verhältnisbegriff: So wie der Mensch mit der gesamten Schöpfung sein Leben Gott als der Quelle des Lebens (Ps 36,10) verdankt (Ps 23,2 f.), so gestaltet sich Leben überhaupt aus diesem Gegenüber: im Lob (Ps 146,2), im Gehorsam gegenüber Gottes Gebot (Ex 20,12), in der Verwirklichung der Gerechtigkeit (Am 5,4.6.14), die zum Leben führt (Spr 11,19). In diesem Sinne kann es heißen: „Suchet den Herrn, so werdet ihr leben" (Am 5,6).

Leben ist aber allemal auch vielfältig bedrohtes Leben, das immer tendenziell in Gefahr steht, verkürzt, beschädigt, liquidiert zu werden. Krankheit (Jes 38,1 ff.), Hunger und Durst (Jes 5,13; Mt 25,35) beeinträchtigen das Leben ebenso wie Feinde (Ps 31,16). Jedes Leben ist durch den Tod begrenzt. Doch auch mitten im Leben kann man in Krankheit und Angst und Lebensgefahr „den Tod schmecken": „Es umfingen mich des Todes Bande, und die Fluten des Verderbens erschreckten mich" (Ps 1,85 f.). Umgekehrt kann der, dessen Seele schon „in des Todes Staub lag" (Ps 22,16) und der ohne Hoffnung war, erfahren: „Herr, du hast mich von den Toten heraufgeholt; du hast mich am Leben erhalten!" – Angst nimmt die Erfahrung des Todes vorweg. Überwindung der Angst durch Gottes Erbarmen ist immer auch schon ein Stück Überwindung des Todes und seiner Macht, ist letztlich vorweggenommene Auferstehungserfahrung. Was insbesondere die Klage- und Vertrauenspsalmen als individuelle Erfahrungen berichten, wendet Hesekiel in der großen Vision vom Totenfeld (Hes 37) zur Hoffnung für ganz Israel (vgl. auch Jes 25,8; Dan 12).

Im Zentrum der Osterbotschaft des NT steht, was der Psalmist von der Schöpfung singt: „Du machst neu die Gestalt der Erde" (Ps 104,30), das Leben der Menschen, der Gesellschaft, der Völker wird auf eine neue Grundlage gestellt.

Das Neuwerden des Lebens drücken die neutestamentlichen Ostertraditionen in Bildern aus, die uns heute einen Zugang oft eher erschweren als erleichtern und zu vielfältigen Missdeutungen führen können:

Von einem ersten Bild für neues Leben berichtet Matthäus im Zusammenhang mit dem Tod Jesu: Im Augenblick des Todes Jesu zerreißt der Vorhang im Tempel (Mt 27,51): Die Schranke zwischen dem Allerheiligsten und der „Welt", zwischen Rein und Unrein, ist aufgehoben. Der Tod des Einen sprengt die unerbittliche Grenze, die der Tod gezogen hat, und versöhnt Himmel und Erde miteinander.

Das leere Grab (Mk 16,1–8): Die Frauen gehen „am ersten Tag der Woche, sehr früh, als die Sonne aufging“ (16,2), zum Grab, um den Leichnam Jesu (nachträglich) zu salben, d. h. zu ehren, aber letzten Endes, um ihn zu konservieren und im Tod zu fixieren. Der Hinweis „am ersten Tag der Woche“ hat seine Parallele in Gen 1: Am ersten Tag der Weltschöpfung wird das Licht, die Voraussetzung allen Lebens, geschaffen. Am Ostermorgen bricht, von den Frauen noch unbemerkt, mit der Auferstehung Jesu neues Leben an, Neuschöpfung ereignet sich, im Bild der Sonne wird sie vorweggenommen. – Als die Frauen zum Grab kommen, ist der Stein überraschenderweise schon weggewälzt; die Auferstehung selbst ist ohne Zeugen.

Weder das offene noch das leere Grab lösen für sich bei den Frauen irgendwelche Veränderungen oder Einsichten aus. Das Grab an sich ist stumm! Es bedarf der Interpretation. Diese geschieht durch einen Jüngling (den Deuteengel), der den Frauen ihren Schrecken nimmt und als Botschaft formuliert: (Jesus) „ist auferstanden“. Erst danach verweist er auf das Leersein des Grabes: „Er ist nicht hier. Siehe da die Stätte, wo sie ihn hinlegten.“ D. h., das Bekenntnis „Jesus ist auferstanden“ = (der tote) „Jesus lebt“ wird belegt und veranschaulicht durch die alttestamentlich-jüdische Anschauung von der Auferstehung der Toten, die zugleich den Aufbruch der neuen Welt Gottes markiert.

Doch auch die Worte des Boten stiften noch keinen Glauben. Das leere Grab und die Engelbotschaft weisen über sich hinaus: Die Frauen sollen den Jüngern die unerwartete Gottes-Tat verkünden und vor allem zum Aufbruch nach Galiläa drängen: „Dort werdet ihr ihn sehen.“ Die Begegnung in Galiläa (Mt 28,16 ff.) aber dient der Beauftragung der Jünger zur Weltmission; sie wird unter der Zusage stehen: „Siehe, ich bin bei euch alle Tage bis an der Welt Ende.“ Das bedeutet: Das Wirken Jesu geht – trotz des Kreuzestodes – weiter. Der Gekreuzigte erweist sich den Jüngern (und allen in seiner Nachfolge) als gegenwärtiger und lebendiger Herr. Wie? Im Wort, das er zu ihnen (und zu uns) spricht, und im Mahl, das er mit ihnen (und uns) feiert, ist er lebendig und heute gegenwärtig.

Nicht im Markus-Evangelium (das ursprünglich mit 16,8 abbricht), wohl aber bei Matthäus und Lukas ist die erneuernde Kraft der Auferstehung Jesu zunächst an der grundlegenden Veränderung der Jünger ablesbar: „Aus ängstlich Verzagten sind sie plötzlich zu freimütigen Verfechtern der Sache Jesu geworden. In dem alten Tauflied, das der Epheserbrief zitiert, wird den Getauften zugerufen: ‚Wach auf, der du schläfst, steh auf von den Toten, so wird dich Christus erleuchten.‘ (Eph 5,14) … Wie jedes Aufstehen vom Schlaf am Morgen, so ist auch das Aufstehen aus lähmender Müdigkeit, jedes Aufstehen von einer Krankheit und vollends das Aufstehen nach einer schmerzhaften Niederlage ein Abbild der Auferstehung Jesu.“ (I. Baldermann, Einführung in die Bibel, Göttingen, [4]1993).

Auferstehung ereignet sich mitten in unserem Leben – inmitten der Schatten des Todes und der verrinnenden Zeit.

Ostern ist als Thema des Religionsunterrichts letztlich unerschöpflich und bedarf – bei L und Sch – der immer neuen Thematisierung. Diese Reihe sieht Ostern darum in allen vier Schuljahren vor – mit wechselnden Akzenten und Konkretisierungen. Das entlastet einerseits und übt andererseits in das Verständnis für die Mehrdimensionalität eines komplexen Sachverhalts ein.

Die Auseinandersetzung mit der Passionsgeschichte, hier auf das unbedingt Notwendige reduziert, führt mit dem Mittel der Retrospektive in Auseinandersetzung und Begegnung mit Menschen, die Jesus wieder in das ganze, volle Leben einbezogen hat; Leute wie Bartimäus, der Bettler, oder ein Zöllner (s. u.) erleben in der Begegnung mit Jesus bereits vor Ostern „Ostern“: Auferstehung und neues Leben ereignen sich schon jetzt! – Der zweite Aspekt will dazu anregen, Auferstehung und neues Leben in künstlerischen Interpretationen, aber auch in Bildern und Situationen des Alltags zu entdecken.

Auch dieser Ansatz ist am Ende nicht gegen ein historisches Missverständnis immun; er trägt aber zumindest die Chance in sich, die Bildhaftigkeit des Osterzeugnisses aufschließen zu helfen und so in die Sprache der Hoffnung einzuüben.

Biblisch erzählen

In den Erzählwerkstätten dieses Kapitels soll die Hoffnung, die die Menschen in Jesus als den Messias setzen, betont werden. Die Bedrohung Jesu durch die Hohepriester, Schriftgelehrten und Römer, die sich aus der Hoffnung des Volkes in die Person Jesu ergibt, sollte herausgearbeitet werden. Die Auferweckung Jesu als Ende seines Leidensweges sollte von den Schülern als Hoffnungszeichen dafür verstanden werden, dass die Lehre Jesu und der Glaube daran in Jesu Tod kein Ende gefunden haben, sondern als Hoffnung auf ein Weiterbestehen und die Weiterentwicklung des Glaubens verstanden werden sollen.

2. Kompetenzen und Ziele

Die Schülerinnen und Schüler …
- kennen wichtige Stationen des Leidensweges Jesu (Sachkompetenz)
- wissen, dass im christlichen Glauben Ostern/Auferstehung als neues Leben interpretiert wird, das aus dem Tod erwächst (Sachkompetenz)
- sehen die Auferstehung Jesu als Hoffnung auf das Weiterbestehen der Lehren Jesu (Transfer)
- nehmen menschliches Leid heute im Horizont der Passion Jesu wahr (soziale Kompetenz)
- wissen um das Vorhandensein von Inhalten der Auferstehung/Neuem Leben in Bildern und in alltäglichen Situationen (Transfer)

3. Unterrichtsschritte

a. Jesus zieht in Jerusalem ein

Einstieg: Sch betrachten Bild (1), Bildelemente, die angesprochen werden sollten: Menschenmenge vor dem Stadttor, die mit Palmblättern und Blumen in der Hand dem auf einem Esel zum Stadttor reitenden Jesus zujubelt: Menschen legen Kleider auf den Weg. Jesus blickt die Menschen an, hebt sich aus der Menge der Menschen aber kaum ab; einziges Erkennungsmerkmal ist sein weißes Gewand.
Mögliche Fragen: Wem jubeln heute Menschen zu? (Star, Fußballmannschaft …) Warum? – Bild beschreiben lassen. Sch nennen mögliche Motive für den Jubel der Leute in Jerusalem (erinnern sich an Krankenheilungen, an seine gute Botschaft für die Armen, sehen in ihm den Messias …).

Lied: Jesus zieht in Jerusalem ein (s. Evangelisches Gesangbuch 314).

Erarbeitung: Erzählwerkstatt: Jesus zieht in Jerusalem ein (2).

Sch gestalten aus Tonpapier handelnde Figuren der Erzählwerkstatt und stellen die Erzählung als Schattenspiel am OHP nach, ggf. Untermalung der Handlung mittels Orffscher Instrumente.

Sch versetzen sich als Reporter (mit Aufnahmegerät und Mikrophon) in die erzählte Situation: Sch stellen, (angeleitet durch Rollenspielkarten (3) zunächst die Festvorbereitungen der zum Passa-Fest versammelten Pilger nach. Ein Reporter fängt ein Stimmungsbild ein; er interviewt einige Pilgergruppen (Einstellung, Erwartungen und Hoffnungen zu Jesus). Tenor der Reportage: (Fast) alle sind froh gestimmt, außer den Pharisäern, Schriftgelehrten und Römern.

Vertiefung: AB (4).

b. Die Stimmung schlägt um – Prozess – Kreuzigung

Einstieg: Das Spiel *Ein Brückenschlag von der Passionszeit zum Osterfest* (5) kann begleitend zu dieser Einheit durchgeführt werden, da es den Sch anschaulich die Dauer der Leidenszeit hin bis zur Auferstehung Jesu zeigt.

Sch tragen auf der Grundlage des Rollenspiels (3) an der Tafel die Gründe zusammen, warum Menschen Jesus abgelehnt haben.

Erzählwerkstatt: Jesus wird verhaftet (6).
Im Gespräch wird noch einmal auf die Konflikte Jesu mit den Pharisäern und Schriftgelehrten verwiesen.

Sch tragen in einem Tafelbild die Gründe zusammen, die zur Verurteilung Jesu geführt haben (7). Sch setzen sich mit den Vorwänden, die für eine Verurteilung Jesu vorgebracht werden, auseinander und werden sich der dahinter stehenden Interessen zur Verurteilung Jesu bewusst.

Hausaufgabe/Langzeitaufgabe: Sch sammeln aus Zeitungen, Internet, … Bild- und Textbeispiele, die thematisieren, wie heute Menschen zu Unrecht leiden, abhängig und traurig sind, ihr „Kreuz“ tragen. Die gesammelten Beiträge werden unter der Überschrift „Wo mir heute noch Unrecht begegnet“ zusammengetragen und vorgestellt.

Erarbeitung: Erzählwerkstatt: Kreuzigung Jesu (8).

Lied mit meditativem Tanz: Baum des Lebens (9).

Sch werden sich des Leides und der Trauer in der Situation bewusst. Sch tauschen sich über Gefühl der Trauer aus; wenn von den Sch gewünscht, z. B. Beschreibung eigener Situationen von Trauer. Sch überlegen sich Symbole/Ausdrucksformen, mit denen Trauer und Tod ausgedrückt werden können (dunkle/schwarze Farben, Dunkelheit, Kreuz, Blut, traurige/langsame Musik).

Sch teilen sich in Kleingruppen auf und überlegen, wie sie die Kreuzigungsszene Jesu mit den angesprochenen Darstellungsmöglichkeiten wiedergeben können.

Sch stellen ihre Arbeitsergebnisse vor, indem sie die Szene mit ihren gewählten Darstellungsformen nacherzählen (traurige, langsame Musik, dunkles Tuch im Hintergrund, Sch bewegen sich langsam in gebeugter Haltung, …).

Sch notieren auf dunklen Papierstreifen ihre Empfindungen und Gedanken. Die Papierstreifen werden anschließend in Kreuzform auf ein Plakat geklebt und exemplarisch vorgelesen.

Zusammenfassendes Gespräch: Warum musste Jesus sterben?

c. Ostern – Jesus lebt: Der Tag, seit dem alles anders ist

L zeigt Sch Bild einer strahlenden Sonne (aus dem Internet, …) bzw. weckt in Sch die Assoziationen zu einer hell scheinenden Sonne (Falls möglich sogar Betrachtung von Sonnenstrahlen in der aktuellen Unterrichtsstunde).

Sch schreiben ihre Assoziationen und Gedanken zur Sonne auf gelbe Papierstreifen (= Sonnenstrahlen), die in Form einer Sonne mit Sonnenstrahlen auf einem Plakat angeordnet werden. Sch stellen Ergebnisse vor.

Sch überlegen sich eine klangliche Darstellung ihrer Assoziationen (s. o.).

Erzählwerkstatt: Jesus lebt (10)
Sch äußern sich zu der Erzählung.

Das Plakat mit den Assoziationen zur Kreuzigung Jesu wird durch das Plakat mit den

Assoziationen zur hellen Sonne überdeckt. Das Plakat wird mit der Überschrift „Jesus lebt!“ versehen.

Sch werden sich der Gefühle der Menschen bewusst, als diese erfahren, dass Jesus auferstanden ist (Freude, Erleichterung, Befreiung, ...).

Lied: Wer wälzt vom Grab den Stein (11).

Spielen des Brückenschlags von der Passionszeit zum Osterfest (5).

Festigung: L bringt Forsythienzweig o. ä. (mit Knospen und aufgegangenen Blüten) mit und lässt Sch an ihnen das Phänomen des „neuen Lebens“ entdecken.

Sch erarbeiten im Gespräch Möglichkeiten von *Auferstehung/Neuem Leben* in einem erweiterten Sinne, z. B.: Aus trockener Erde bricht neues Leben hervor; Auferstehung in der Natur aus dem Winterschlaf; zerstrittene Nachbarn/Ehepartner finden wieder zueinander; zwischen Feinden wächst eine Brücke (s. Band 2, Kapitel A Wege, gehen, Brücken bauen 5); ... Die Ideen der Sch werden als große Collage gesammelt und dargestellt.

Abschluss: Sch säen an einer ausgewählten Stelle (z. B. Ecke auf dem Schulhof) Kressesamen in den Ritzen zwischen Steinplatten aus. Die Aussaat möglichst so, dass sich später beim Keimen der Saat das Bild eines Kreuzes ergibt (Keimdauer der Kresse: ca. 4–6 Tage).

Jesu Einzug in Jerusalem

Gabriele Hafermaas, Jesu Einzug in Jerusalem

Erzählwerkstatt: Jesus zieht in Jerusalem ein

Einstimmung:
Das Volk Israel lebt unter der Herrschaft der Römer und wird unterdrückt. – Zur Feier des Passa-Festes und zur Erinnerung an die Befreiung des Volkes Israel aus Ägypten strömen viele Pilger nach Jerusalem.

Szene 1:
Jesus und seine Jünger sind auch auf dem Weg in die heilige Stadt Jerusalem. – Menschen setzen große Hoffnungen in Jesus, der sie von der Unterdrückung durch die Römer befreien soll.

Szene 2:
Kurz vor den Stadttoren Jerusalems schickt Jesus zwei Jünger voraus, um ihm aus dem nächsten Dorf einen Esel als Reittier zu holen. – Jesus reitet auf dem Esel weiter in Richtung Jerusalem. – Menschen am Wegesrand legen vor Jesu Weg Kleider auf die Straße, winken, jubeln ihm mit den Worten „Hosianna" zu und grüßen ihn mit Palmblättern. – Menschen hoffen auf die Befreiung durch Jesus.

Szene 3:
In Jerusalem geht Jesus in den Tempel und heilt Kranke. – Menschen sind enttäuscht, dass Jesus nichts gegen die römischen Unterdrücker unternimmt.

Szene 4:
Jesus zieht am Abend mit seinen Jüngern zusammen wieder aus Jerusalem aus – Aus Enttäuschung, dass Jesus das Volk nicht aus seiner Unterdrückung befreit, wenden sich viele von Jesus ab.

Berichte vom Passa-Fest in Jerusalem

Ein Reporter, der von den Ereignissen vom Tempelplatz berichtet:

Du bist ein Reporter, der seinen Zuhörern von der Situation auf dem Tempelplatz berichtet:
Der Platz ist voller Menschen, die alle das Passa-Fest, das an den Auszug aus Ägypten und die Befreiung von der Sklaverei erinnert, zusammen feiern wollen.
Plötzlich rufen die Menschen alle laut: „Shalom! Friede! Hosianna! Der Messias kommt! Gelobt sei Gott!" Gemeint ist Jesus. Die Menschen sind voller Freude und Dankbarkeit. Ich will sie fragen, was sie von Jesus halten – es sind viele, die sich über seine Ankunft freuen, aber auch einige, die nicht sehr begeistert aussehen.

Ein Fischer:

Jesus war eines Tages in unserem Dorf. Er hörte zu, was wir ihm über unsere Ängste und Nöte erzählten. Das, was er predigte, gab uns Hoffnung, dass er uns helfen wird und es bald besser wird. Viele Leute glauben, dass er uns von den Römern befreien wird und unser neuer König wird und wir dann endlich in Frieden und Freiheit leben können.

Ein Zöllner:

Nachdem ich Jesus begegnet bin, habe ich meinen unehrlichen Beruf als Zöllner aufgegeben und verdiene mir mein Geld jetzt als ehrlicher Arbeiter. Ich verdiene nicht mehr so viel wie als Zöllner, aber dafür lebe ich jetzt zufriedener, weil ich weiß, dass Jesus mich angenommen hat.

Ein Junge:

Ja, Jesus kenne ich. Er hat einmal seinen Arm um mich gelegt und mich gesegnet. Er hat mich und die anderen Kinder zu sich gerufen, obwohl die Erwachsenen uns nicht zu ihm lassen wollten. Für Jesus sind wir sehr wichtig.

Ein Jünger Jesu:

Wir sind inzwischen so eine große Gemeinschaft geworden, die Jesus folgt. Jesus gibt uns Vertrauen und Sicherheit, dass wir an das Richtige glauben. In dieser Gemeinschaft fühlen wir uns wohl und geborgen.

Ein Armer:

Jesus hat mir Mut gemacht: Er hat mich nicht aus der Gemeinschaft ausgeschlossen, er gibt mir das Gefühl, dass mein Leben viel wert ist, auch wenn ich nichts besitze. Seit Jesus zu den Menschen predigt, merke ich, dass auch die anderen Menschen sich anders verhalten. Sie versuchen mir zu helfen und unterstützen mich.

Ein Pharisäer:

Dieser Jesus darf nicht weiter predigen! Er redet falsch von Gott und vergibt Menschen ihre Schuld. Dabei kann dies doch nur Gott allein tun! Er redet gegen das Gesetz und die Leute glauben ihm auch noch! Das muss so schnell wie möglich ein Ende haben!

Ein Schriftgelehrter:

Eines Tages wird Gottes Reich beginnen und es wird Frieden herrschen. Aber Jesus kann es nicht verkünden und er kann auch nicht der verheißene Prophet sein. Er versammelt doch all die Sünder und Diebe um sich, die gar nicht in das Reich Gottes kommen können. Dort können doch nur Leute wie wir hingelangen, die sich nach dem Gesetz und den Vorschriften Gottes richten!

Ein Römer:

Diesem Jesus folgen immer mehr Menschen. Er spricht davon, dass bald ein neues Reich anfangen wird. Das darf nicht sein, wir sind die Herrscher in diesem Reich und wir dulden keine Unruhe in unserem Reich. Jesu Handeln muss ein Ende haben!

(gekürzt nach B.S.)

„Hosianna" – ein seltsamer Gruß

Mit „Hosianna" begrüßen die Leute Jesus in Jerusalem. „Hosianna" ist ursprünglich ein Gebetsruf. Was er bedeutet, erfährst du, wenn du das Kreuzworträtsel gelöst hast.

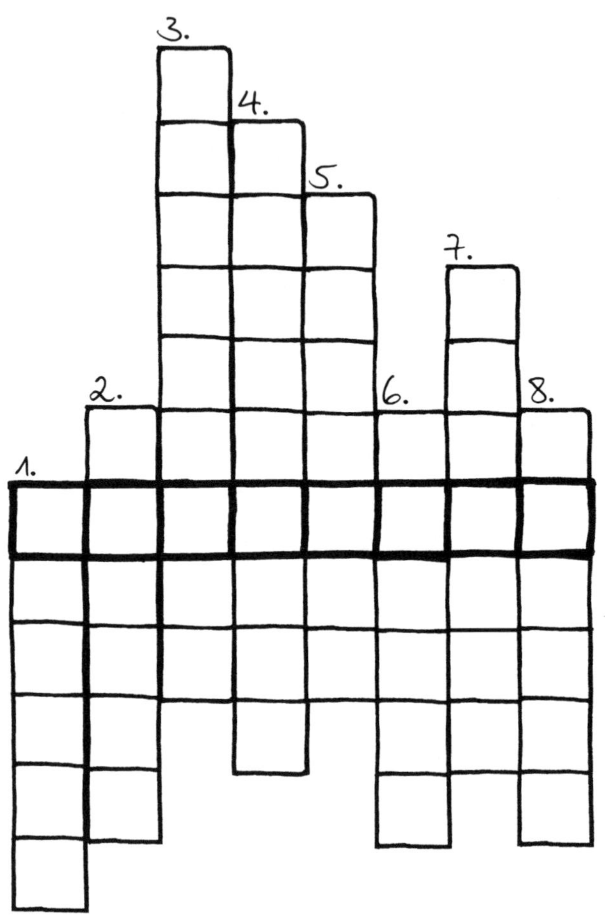

1. Was tut Jesus im Tempel?.
2. So nannte man die Leute, die jährlich in die Hauptstadt zum Fest reisten.
3. Wie heißt die Hauptstadt?
4. Dieses große Ereignis lässt die Juden zusammenkommen.
5. Damit belegten die Menschen die Straße, auf der Jesus ritt.
6. Diese Leute beherrschten das Land.
7. Viele Jünger übten diesen Beruf aus.
8. Das Grußwort, das „Friede" bedeutet.

Diese Silben helfen dir, die Rätselwörter zu finden!
DER – FEST – FI – GER – HEI – JE – KLEI – LEM – LEN – LOM – MER – PAS – PIL – ROE – RU – SA – SA – SCHER – SHA –

Ein Brückenschlag von der Passionszeit zum Osterfest von Siegfried Macht

Schon in der ersten Woche der Passionszeit …

Bringen wir einen Kieselstein (sowie etwas Tapetenkleister, Unterlegfolie) mit in den Unterricht und lassen der Fantasie der Schüler freien Lauf: „Welche (traurigen) Geschichten könnte ein solcher Stein vielleicht erzählen?

Wir malen etwas aus unseren Erzählungen, knüllen die Zettel um den Kieselstein und kleben sie mit Tapetenkleister um ihn herum.

In den folgenden Religionsstunden nimmt unser *Trauerstein* stets – die Stunde abschließend – auf ähnliche Art und Weise die jeweiligen Ergebnisse auf: Die Sch kleben Bild- oder Textzettel immer wieder auf die sich nach und nach vergrößernde Oberfläche.

Was man auch abschließend noch lesen soll, muss natürlich für die allerletzte Klebeschicht in der Stunde vor Ostern aufgehoben werden.

Als Zwischenschicht können auch traurige Seiten, Schlagzeilen aus Zeitungen und Illustrierten oder Bilder um den Stein geklebt werden. Damit der Stein schneller wächst, sollte das Papier nicht nur glatt auf glatt geklebt werden, sondern sollte auch geknülltes Papier aufgeklebt werden.

Dabei nicht zu viel Kleister verwenden, bzw. den Kleister in der Nähe einer Heizung trocknen lassen.

Wenn wir in der letzten Stunde vor oder in der ersten Stunde nach den Ferien zusammen Ostern feiern, dann brennt auf einem (quasi als Altar dienenden) Tisch eine (Oster-)Kerze als Zeichen für die Auferstehung. Noch aber weiß und sieht niemand etwas davon, denn unser Stein liegt davor wie damals der Stein vor der Grabhöhle Jesu.

Die Sch stellen sich nun in einer langen Reihe auf, singen das Lied *Wer wälzt vom Grab den Stein* (11) und spielen nach, was (den Frauen) damals am Grab geschah: Die Erste berührt kaum den Stein, da ist er auch schon weggerollt – sieht aus wie Fels und ist so leicht? Hat Gott da seine Hand im Spiel…? Jeder Sch gibt dem Stein einen Schubs, bis er raus ist aus dem Klassenzimmer.

Anschließend versammeln wir uns um die Osterkerze und kommen noch einmal kurz über alles ins Gespräch.

Erzählwerkstatt: Jesus wird verhaftet

Einstimmung: Jesus weiß, dass er bald verhaftet werden soll, und hat seinen Jüngern vorhergesagt, dass einer von ihnen ihn verraten und verhaften lassen wird. Er hat mit seinen Jüngern das Abendmahl gefeiert. Abends kommt Jesus mit seinen Jüngern zum Garten Gethsemane.

Szene 1:
Jesus möchte allein im Garten beten, seine Jünger sollen warten und aufpassen. – Jesus bekommt Angst vor seinem bevorstehenden Leiden und dem Tod.

Szene 2:
Judas, einer der Jünger Jesu, führt bewaffnete Tempelwachen und Soldaten zu Jesus. – Die Tempelwächter und Soldaten verhaften Jesus. – Jünger bekommen Angst und fliehen, niemand bleibt bei Jesus, um ihm zu helfen. – Jesus sagt zu den Tempelwächtern und Soldaten: „Wie gegen einen Räuber seid ihr ausgezogen. Mit Schwertern und Knüppeln seid ihr gekommen, um mich gefangen zu nehmen, obwohl ich jeden Tag im Tempel war und vom Frieden gesprochen habe."

Szene 3:
Jesus wird weggeführt und vor den Hohen Rat gebracht, in dem jüdische Schriftgelehrte und Pharisäer sitzen. – Pharisäer und Gelehrte suchen vergeblich nach Gründen, um Jesus zum Tode verurteilen zu können. – Zeugen sagen falsche Dinge über Jesus aus, um einen Grund zu liefern, Jesus zu verurteilen. – Hohepriester werfen Jesus vor, sich selbst zu Gottes Sohn zu machen und damit Gott zu lästern. – Jesus soll als Strafe zum Tod verurteilt werden.

Szene 4:
Jesus wird vor den römischen Statthalter Pilatus geführt. – Da Jesus als König der Juden bezeichnet wird, befürchten die Römer, dass ihre Herrschaft in Israel in Gefahr ist. – Jesus wird zum Tod verurteilt. – Er wird vom Volk verspottet und gedemütigt. – Ein langer Leidensweg für Jesus.

Tafelbild zur Anklage gegen Jesus

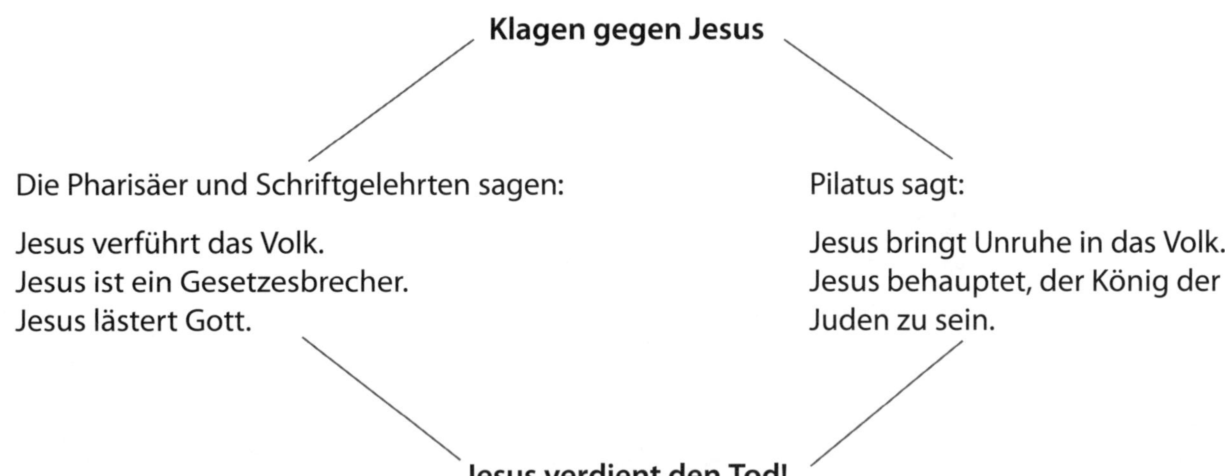

Erzählwerkstatt: Kreuzigung Jesu

Einstimmung:
Jesus ist zum Tode verurteilt worden und soll am Tag des Passa-Festes gekreuzigt werden.

Szene 1:
Jesus wird von den Soldaten und vielen aus dem Volk verspottet und geschlagen. – Jesus muss sein Kreuz selbst zum Berg Golgotha tragen. – Jesus wird gekreuzigt.

Szene 2:
Alle Jünger haben Jesus verlassen. – Leute spotten: „Wenn er Gottes Sohn ist, dann soll er sich selbst helfen und vom Kreuz heruntersteigen!"

Szene 3:
Jesus leidet lange Zeit am Kreuz. – Es wird dunkel am Himmel. – Jesus ruft: „Es ist vollbracht!" – Er stirbt.

Szene 4:
Freunde nehmen den Leib Jesu vom Kreuz, wickeln ihn in ein Leinentuch. – Toter Jesus wird in eine Felsenhöhle als Grab gelegt. – Maria von Magdala und einige andere sehen zu. – Der Grabeingang wird mit einem schweren Stein verschlossen. – Freunde Jesu trauern sehr nach Jesu Tod und fragen sich, ob alles vorbei ist und umsonst war.

Lied: Baum des Lebens

(Text und Musik: Siegfried Macht)

Sehr ruhig

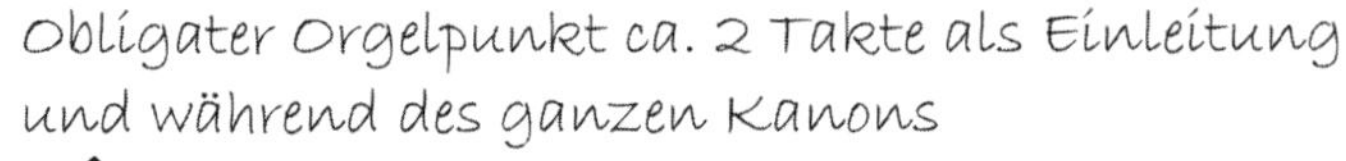

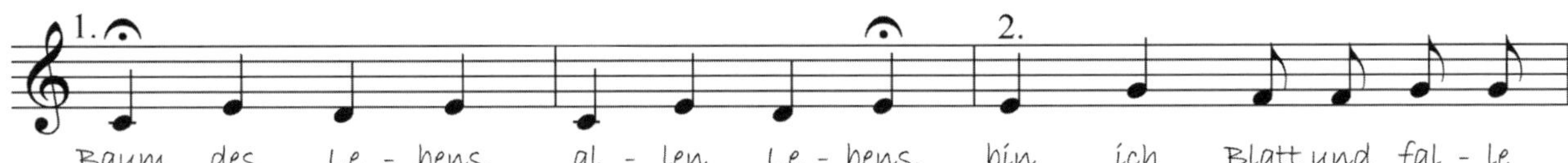

Meditativer Tanz zum Lied:

Ausgangsstellung im Kreis, Blick zur Mitte, Hände der Nachbar(inne)n nicht gefasst

Takt	Bewegung
	Evtl. zwei Takte lang den Grundton summen, dabei gebeugt verharren
1+2	Vier Schritte vorwärts (rechts beginnen), dabei Hände zum Lebensbaum heben
3+4	Handinnenflächen der erhobenen Hände an die Nachbarn legen und hin- und herwiegen (nach rechts beginnen)
5+6	Fassung lösen, Hände fallen lassen und mit acht kleinen Schritten gebeugt rückwärts gehen

Von vorn beginnen
Als Kanon zu dritt abzählen und entsprechend nacheinander einsetzen

Jesus lebt

Einstimmung:
Die Freunde und Anhänger Jesu sind nach seinem Tod sehr traurig und verzweifelt. Jesus fehlt ihnen und sie fragen sich, ob all die Taten und Dinge, die Jesus gepredigt hat und von denen sie überzeugt waren, umsonst waren.

Szene 1:
Nach Ende des Sabbats gehen drei Frauen zum Grab Jesu, um Jesu Leib zu salben, so wie es in Palästina Tradition ist: als Dank für all die Hilfe und Hoffnung, die Jesus den Menschen gegeben hat. – Die drei Frauen fragen sich, wie sie den schweren Stein vom Grab entfernt kriegen.

Szene 2:
Die drei Frauen erschrecken am Grab: der Stein ist von dem Eingang der Höhle entfernt und die Höhle ist leer! – Neben der Höhle sitzt ein junger Mann in einem weißen Gewand: „Fürchtet euch nicht! Jesus ist auferstanden von den Toten! Er lebt! Sagt es seinen Jüngern"

Szene 3:
Die drei Frauen können es erst selbst nicht glauben, wie sollen es ihnen die anderen dann glauben? – Aber dann schöpfen sie Hoffnung: Das was Jesus getan hat und ihnen gepredigt hat, ist nicht tot. – Sie müssen die frohe Botschaft weitersagen. So können immer wieder Menschen für die Sache Jesu begeistert werden. – Die Verzweiflung weicht von den Frauen, Hoffnung und Zuversicht breiten sich aus.

Lied: Wer wälzt vom Grab den Stein?

Text und Musik (nach Dirk Raphaelszoon Camphuysen 1624): Siegfried Macht

5 Kirche

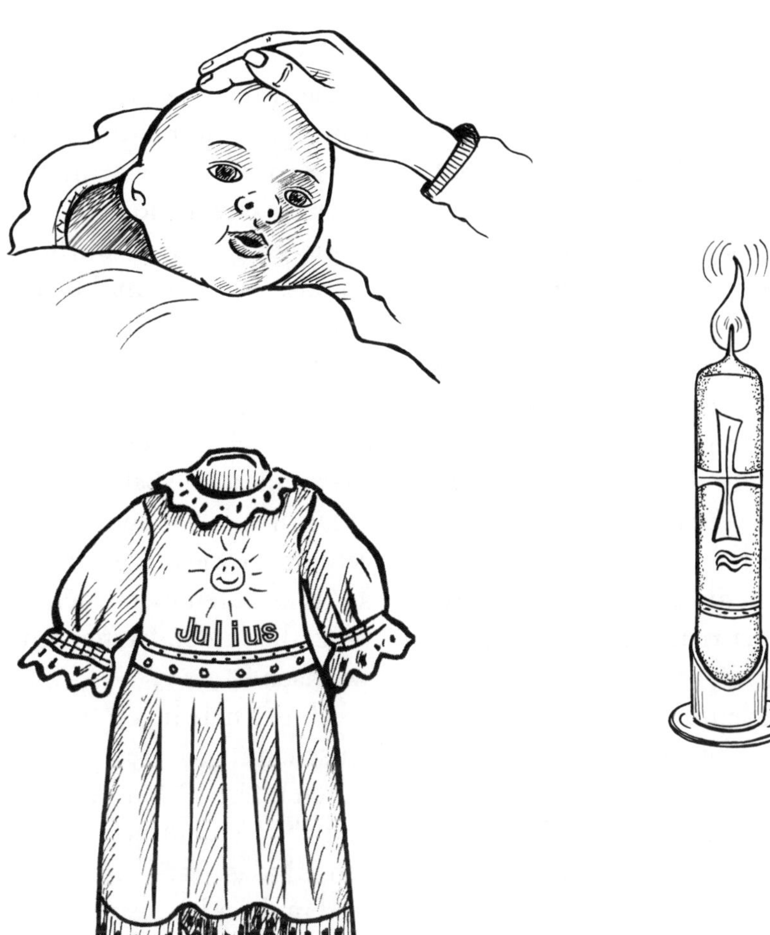

G Taufe – Wasser des Lebens

1. Theologische und didaktische Aspekte

Die Taufe ist in der evangelischen Kirche eines von zwei Sakramenten, d. h. heiligen Handlungen, die biblisch begründet sind (Mk 1,9; Mt 28,18–20; Gal 3,27 u.ö.) Im Gegensatz zu rituellen Waschungen anderer Religionen ist die Taufe ein einmaliger Akt, der im Rahmen eines Gottesdienstes geschieht. Dabei wird der Täufling durch dreimaliges Begießen mit Wasser im Namen des dreieinigen Gottes *in Christus* und in die Gemeinschaft der Glaubenden eingegliedert.

Taufe ist ein ökumenisches Sakrament, dessen Gültigkeit alle christlichen Kirchen gegenseitig anerkennen.

Bezüglich der Bedeutung der Taufe lassen sich im Wesentlichen drei Konnotationen unterscheiden:

a) Die Taufe ist Zeichen der vorbehaltlosen Liebe Gottes zu uns Menschen und bedingungsloser Annahme (Geborenwerden und Getauftwerden geschehen ohne unser Zutun).
b) Die Taufe ist Teilhabe an Tod und Auferstehung Christi. Die Taufe erlöst von Sünde und Tod und spricht eine neue Existenz zu. Die Bedeutung des Symbols Wasser (Symbol des Todes, des Lebens und der Reinigung) unterstreicht diesen Gedanken.
c) Die Taufe ist sichtbare Eingliederung in die christliche Gemeinde – in die örtliche Gemeinde ebenso wie in die weltweite Geschwisterlichkeit der Ökumene und die vergangener und kommender Generationen.

In der alten Kirche (bis etwa 400) wurde die Taufe wohl überwiegend an Erwachsenen vollzogen – durch dreimaliges Untertauchen des ganzen Körpers in fließendem Wasser oder entsprechend großem Taufbecken. Der Taufe ging ein ausführlicher Taufunterricht voraus; Symbolhandlungen begleiteten den Taufakt (Sprechen des Credos – Absage an das Böse – Kreuzeszeichen – Handauflegung als Vermittlung des göttlichen Geistes – Kleiderwechsel). Seit dem 2. Jahrhundert ist auch die Kindertaufe belegt.

Die Taufe hat auch und gerade bei jüngeren Eltern, die oft der Institution Kirche eher kritisch gegenüberstehen, eine hohe Akzeptanz, die in den letzten Jahren eher noch gewachsen ist.

Kinder haben von der eigenen Taufe keine Anschauung. Deren Bedeutung muss ihnen durch Eltern, Paten, Großeltern, Religionsunterricht, Teilnahme an der Taufe eines anderen Kindes, Tauferinnerung etc. erschlossen und in ihrer lebensorientierenden Bedeutung entfaltet werden.

Da Taufe eine sinnliche Handlung ist, bietet es sich an, die für die Taufe relevanten Symbole (Wasser, Kerze, etc.) als Erschließungs- und Erinnerungshilfen zu nutzen.

2. Kompetenzen

Die Schülerinnen und Schüler
- wissen, dass die Taufe nach christlichem Verständnis ein Sakrament ist, d. h. eine

heilige Handlung, die Jesus selbst begründet hat (Sachkompetenz)
- verstehen Wasser als ambivalentes Symbol sowohl der Schöpfung und des Lebens als auch des Todes (Deutekompetenz)
- wissen um die symbolische Bedeutung des Wassers, der Taufkerze und des Handauflegens bei der Taufe (Sachkompetenz)
- verstehen die Taufe als Ausdruck von Gottes Zuwendung, Nähe und Segen (Deutekompetenz)

3. Unterrichtsschritte

Hinweise zu den Unterrichtsschritten: L informiert die Sch (und ggf. die Eltern), dass das nächste Thema im Religionsunterricht die *Taufe* sein wird. L bittet die (getauften) Sch zur nächsten Religionsstunde Bilder von der eigenen Taufe, möglicherweise auch ihre Taufkerze, mitzubringen und ihren Taufspruch aufzuschreiben. Ungetaufte Kinder können z. B. ein Babybild von sich mitbringen.

a. Bedeutung der Taufe

Vorbereitung: Für das geplante Bodenbild werden benötigt: ein blaues Tuch und für die Taufe relevante Gegenstände: eine Schale mit Wasser, eine (Tauf)Kerze, ein (Tauf)Kleid, ein Kreuz, eine (Segens)Hand aus Tonpapier.

Einstieg: In die Mitte des Stuhlkreises wird ein blaues Tuch (=Wasser) gelegt. Sch zeigen nacheinander ihre mitgebrachten Taufbilder. Die mitgebrachten Taufgegenstände (Bild/Kerze/Taufspruch) werden an den Rand des Tuches gelegt (L sollte selbst Taufbilder und -gegenstände mitbringen, falls viele Kinder nicht getauft sind).

Impuls: Einige Gegenstände kommen auf vielen Taufbildern vor … Sch nennen diese Gegenstände, vermutlich: Wasser – Kerze – Kleid. L legt die relevanten Gegenstände auf das Tuch. Sch ordnen die mitgebrachten Bilder den relevanten Gegenständen zu. Ergänzt werden kann das Bodenbild noch um folgende Elemente: Kreuz – (segnende) Hand – Taufspruch.

Sch tauschen sich darüber aus, was sie über die jeweiligen Elemente und ihre Bedeutung bei der Taufe wissen.

Lied: Ich kann mich nicht erinnern – Tauferinnerungslied, Strophe 1–2 (1)

b. Stationenarbeit

Die Sch erarbeiten an vier verschiedenen Stationen die für die Taufe relevanten Symbole. An den einzelnen Stationen wird jeweils das entsprechende Blatt mit Arbeitsaufträgen für die Sch ausgelegt (zur besseren Haltbarkeit ggf. laminieren) (2–5). Nach dem Ende der Stationenarbeit erfolgt im Klassengespräch der Transfer der erzielten Arbeitsergebnisse zu der Bedeutung der einzelnen Elemente in der Taufe.

Station 1 zum Thema Wasser: Sch erhalten zur Bearbeitung der Aufgaben blaue Blätter (z. B. in Wassertropfenform ausgeschnitten), das Aufgabenblatt (2) wird in derselben Farbe ausgelegt. Die Sch sollen sich bewusst werden, wo Wasser überall vorkommt (Bäche, Flüsse, Seen, Meere, als Regen, Tau, Schnee, Eis, …) und sich überlegen, für welche lebenswichtigen Tätigkeiten Wasser benötigt wird (trinken, Essen kochen, waschen, Blumen gießen, schwimmen, …). Bei Frage 3 soll den Sch bewusst werden, dass Wasser nicht nur lebensnotwendige, schöpferische Eigenschaften hat, sondern auch zerstörerische Wirkungen haben kann (Wasser kann die Natur zum Blühen bringen, ist Nahrungsgrundlage für den Menschen, kann aber auch zu Überschwemmungen, Ertrinken, Einbrechen im Eis, … führen.
Hinweis: Ggf. kann auf dem Stationentisch zum akustischen Einstieg noch ein CD-Spieler

mit verschiedenen Geräuschen zum Thema Wasser (Geräusche eines kleinen Bachs, tosender Wasserfall, Regen, ...) aufgestellt werden. *Hinweis:* entsprechende Geräusche z. B. zu finden auf CD's mit Wassermelodien, Internet, ...).

Station 2 zum Thema Kerze/Licht: Auf dem Tisch steht eine Kerze. Gelbes Aufgabenblatt (3) liegt auf dem Tisch. Sch bearbeiten die Aufgaben auf gelben Blättern.

Station 3 zum Thema Taufkleid: An der Station kann zur Ansicht ein Taufkleid platziert werden. Sch erhalten zur Bearbeitung der Aufgabe weiße Arbeitsblätter, das Aufgabenblatt (4) wird in derselben Farbe ausgelegt. Die Sch sollen sich der Funktion/des Sinns von Kleidern bewusst werden: (Kälte)-Schutz, Berufszugehörigkeit (Arzt, Polizist, Priester, ...), Gruppenzugehörigkeit (Trauernde, Feiernde, ...).

Station 4 zum Thema Hände/Segen: Die Sch benötigen weißes und schwarzes Papier und Scheren. Das Aufgabenblatt (5) wird in roter Farbe ausgelegt. Die Sch sollen herausarbeiten, was Hände – im Positiven und Negativen – alles können (Hand geben, helfen, schützen, segnen, winken, ... ablehnen, schlagen, ...) und sich der Bedeutung von Gottes Hand in den Texten des Arbeitsblattes bewusst werden.

Abschluss der Stationenarbeit: Sch singen das Lied Wasser (2). Sch überlegen sich Bewegungen, die den Liedtext untermalen und begleiten das Lied mit den entworfenen Bewegungen.

c. Ablauf einer Taufe

Einstieg: Wenn möglich, berichten Sch über ihre Kenntnisse zum Ablauf einer Taufe. L stellt Sch Ablauf einer Taufe vor (6). Hierbei verwendet L die einzelnen Elemente der Stationenarbeit in der Erzählung (Taufkleid den Sch zeigen, Wasser aus einem Krug dreimal in eine Schale gießen, Geste des Handauflegens und des segnenden Kreuzes nachmachen, ...)

Transfer: Zur Unterstützung des Transfers werden die Ergebnisse der Stationenarbeit zu den vier Elementen zusammengetragen (z. B. als Poster) und zur Besprechung hinzugenommen.

Zu den in der Erzählung angesprochenen Elementen der Taufe lenkt L Aufmerksamkeit der Sch auf die erzielten Arbeitsergebnisse der Stationenarbeit. Im Klassengespräch werden die Ideen der Sch zur Bedeutung der Elemente bei der Taufe aufgenommen und vertiefend erarbeitet:

- weißes Taufkleid: symbolisiert das Besondere der Taufe, die weiße Farbe als Zeichen für Reinheit. Früher legten die erwachsenen Täuflinge zur Taufe die alten Kleider ab (=sich vom *alten* Menschen und Fehlern trennen), um im neuen weißen Gewand als neuer Mensch wiedergeboren zu werden; vgl. Röm 13,14; Gal 3,27).
- Taufwasser: Wasser steht hier als Symbol für Leben und Reinheit. L kann auf Ritus der orthodoxen Kirche verweisen, bei dem der Täufling mit seinem ganzen Körper „untergetaucht" wird (stärkere Betonung der Reinigung und des Wegwaschens alter Laster).
- Hand auflegen/Segen: Durch das Handauflegen und das Kreuzzeichen wird der Täufling mit Jesus Christus und Gott verbunden und steht dadurch unter der Liebe und dem Schutz Gottes.
- Taufkerze: Erinnert an Jesu Worte: *Ich bin das Licht der Welt* und symbolisiert Wärme, Licht, Geborgenheit.
- Taufspruch: Wird für den Täufling ausgesucht; zumeist ein Bibeltext, der den Täufling in seinem Leben begleitet und gute Wünsche der Eltern und/oder Paten enthält.
- Das Kreuz erinnert an den Kreuzestod Jesu und an seine Auferstehung. Es verbindet

Himmel und Erde (vertikal) sowie Menschen und Erdteile (horizontal).

Hinweis: Zur Verdeutlichung der Bedeutung des Kreuzes als Symbol des Todes und der Auferstehung Jesu wird den Sch die Zeichnung des Lebensbaums auf S. 67 gezeigt.

Lied: Ich kann mich nicht erinnern, Strophe 4–9 (1)

Hausaufgabe: Sch, die getauft wurden, sollen zur nächsten Stunde ihren Taufspruch mitbringen (alternativ überlegen sich Sch einen Zuspruch, den sie sich für ihren Lebensweg wünschen würden).

Erarbeitung: L zeigt Sch Fotos einer Taufgesellschaft (Paten und Gemeinde müssen zu sehen sein). L lenkt Aufmerksamkeit auf die anwesenden Personen. Sch ordnen Pfarrer und Eltern zu. Sch äußern sich zu den weiteren Personen, den Paten und zu deren Funktion, so sie ihnen bekannt ist (Taufpaten versprechen, sich um ihr Patenkind zu kümmern und ihrem Patenkind den christlichen Glauben zu vermitteln; Paten können im Taufgottesdienst ein Gebet oder einen Segenswunsch sprechen). Sch äußern sich zu der übrigen anwesenden Gemeinde: Herausarbeitung, dass Taufen in einem familiären Taufgottesdienst aber auch in einem regulären Gottesdienst, der von weiteren Gemeindemitgliedern, die nicht direkt zur Familie gehören, besucht wird, erfolgen. Das Beiwohnen der Gemeindemitglieder verdeutlicht die Aufnahme des Täuflings in die christliche Gemeinde.

Lied: Ich kann mich nicht erinnern, Strophe 10–11 (1)

Abschluss: Sch wählen zwischen zwei Gestaltungsvarianten zum Thema Taufe:
- Gestalten einer eigenen Taufkerze mit Wachsplatten: mit Taufsymbolen oder anderen Symbolen, die den Sch wichtig sind
- Schreiben des eigenen Taufspruchs (bzw. eines Spruchs, der den Kindern gut gefällt) mit buntem Sand: Zunächst den Spruch mit einem Stift vorschreiben, mit Flüssigkleber nachzeichnen, dann bunten Sand über die Klebespur streuen. Auswahl an Taufsprüchen s. (7).

Sch stellen ihre gestalteten Taufkerzen und Taufsprüche der Klasse vor.

Lied: Ich kann mich nicht erinnern (1)

Lied: Ich kann mich nicht erinnern – Tauf-Erinnerungslied

(Text und Musik (nach „Wohl denen, die da wandeln"): Siegfried Macht)

2. Ich hab es nicht verstanden,
ich war noch viel zu klein,
vielleicht hab ich geschrien –
auch das darf dabei sein.

3. Du magst mich nicht nur leise,
du magst mich nicht nur laut;
ich hab schon eh ich's wusste
auf deine Art vertraut.

4. Dein Licht brennt auf dem Altar,
dein Licht brennt auch für mich;
und wen es angesteckt hat,
der brennt seitdem für dich.

5. Ein jeder sollte wissen,
dass Gott mich rufen ließ,
so sagen meine Eltern
zur Taufe wie ich hieß.

6. Ein Kreuz als Fingerzeichen
berührte mein Gesicht –
nicht viel, nicht wenig Wasser;
dein Kreuz ist von Gewicht.

7. Das soll mich stets erinnern,
was du für uns getan,
und dass dein Weg den meinen
gekreuzt, um mir zu nahn.

8. Und so wie jenes Wasser
so ist auch, Gott, dein Wort –
ich möchte darin baden:
es wäscht das Böse fort.

9. Was war, das ist gewesen –
dass uns nichts altes quält,
hat Gott das Bild des Bades,
der Neuerung gewählt.

10. Du hast solang ich lebe
stets „ja" gesagt zu mir.
Was soll man dazu sagen? –
ICH sage „ja" zu dir.

11. Wir wolln uns stets erinnern:
entäußert hat sich Gott
und tauschte seinen Himmel
gegen der Menschen Spott.

Station 1: Wasser

Text und Musik: Siegfried Macht

1. Schreibe auf, wo Wasser überall vorkommt.

2. Wofür ist Wasser gut?

3. Wie kann Wasser auch schaden?

4. Was wäre, wenn es kein Wasser gäbe?

5. Überlege mit Mitschülern deiner Gruppe, welche Bedeutung Wasser bei der Taufe hat.

Station 2: Kerze/Licht

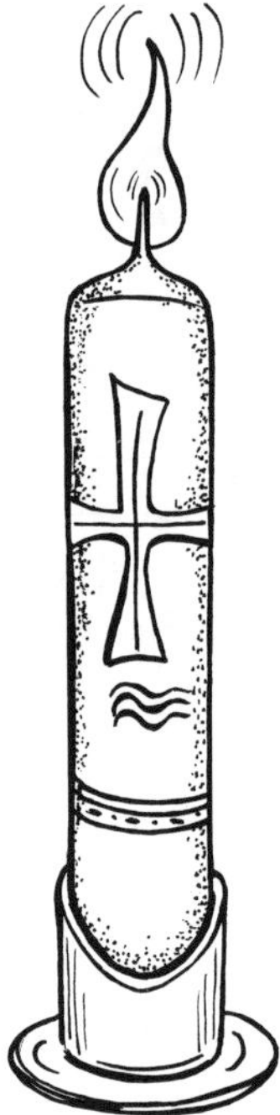

Ein Licht geht uns auf in der
Dunkelheit,
durchbricht die Nacht und erhellt die
Zeit.
Licht der Liebe,
Lebenslicht,
Gottes Geist
verlässt uns nicht.

(Eckart Bücken, 1986)
Rechte: Menschenkinder Verlag, D-48157 Münster

1. Lies dir den Text zum Licht durch.
2. Schreibe aus dem Text Eigenschaften heraus, was das Licht alles kann.
3. Ergänze den Satz: „Ohne Licht …"
4. Was meint Jesus, wenn er sagt: „Ich bin das Licht der Welt?"
5. Überlege dir mit Mitschülern deiner Gruppe, warum bei der Taufe oft eine Taufkerze angezündet wird.

Station 3: Taufkleid

Einige Täuflinge tragen zu ihrer Taufe ein weißes Taufkleid.
Manche Familien besitzen ein Taufkleid, das an das nächste Kind weitergereicht wird. Taufkleider können daher alt und kostbar sein.

1. Welchen Sinn haben Kleider überhaupt?
2. Was ziehst du an einem besonderen Tag an?
3. Überlege, welche Bedeutung das weiße Taufkleid hat.
4. Zeichne ein eigenes Taufkleid. Schmücke es so, dass es ein besonderes Kleid wird.

Station 4: Hände

1. Zeichne den Umriss deiner Hand einmal auf schwarzes Papier und einmal auf weißes Papier.
2. Sieh dir die Bilder an. Was können Hände alles? Überlege dir weitere Möglichkeiten, was Hände können. Schreibe gute Taten auf die weiße Hand, schlechte auf die schwarze Hand.

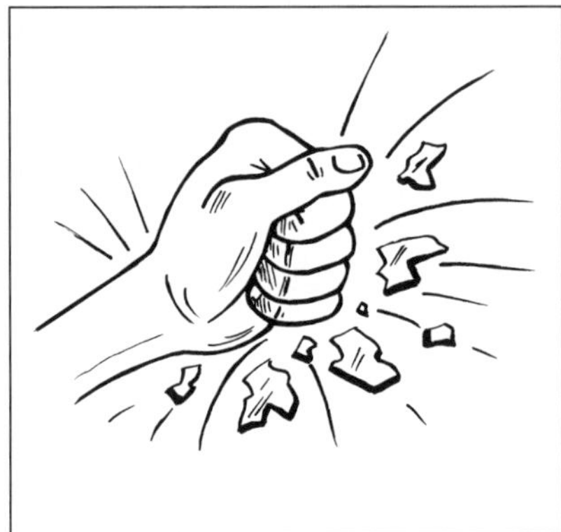

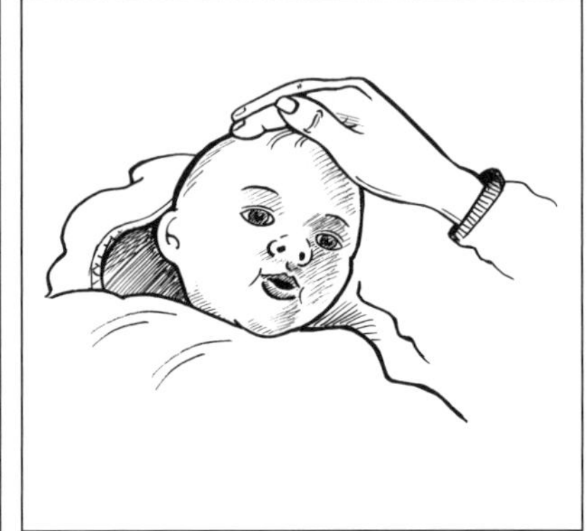

3. Lies dir die Texte durch. Schreibe auf, was von den Händen Gottes gesagt wird.

Halte zu mir, guter Gott, heut den ganzen Tag.
Halt die Hände über mich, was auch kommen mag.
Halte zu mir, guter Gott, heut den ganzen Tag.
Halt die Hände über mich, was auch kommen mag.

Gott, dein guter Segen ist wie des Freundes Hand,
die mich hält, die mich führt,
in ein weites Land.
Guter Gott, ich bitte dich:
Führe und begleite mich.
Lass mich unter deinem Segen
leben und ihn weitergeben.
Bleibe bei uns alle Zeit,
segne uns, segne uns,
denn der Weg ist weit.

Text: Reinhard Bäcker
aus: Heut ist ein Tag, an dem ich singen kann.

Gott sagt: „Ich habe deinen Namen in meine Hände geschrieben. So werde ich ihn nie vergessen."

(nach Jesaja 49,16)

Leas Taufe

Heute soll Inas Cousine Lea getauft werden. Bevor Ina mit ihren Eltern zum Taufgottesdienst in die Kirche geht, zieht sie sich schicker an als sonst, schließlich ist heute ein besonderer Tag für Lea.

Vor der Kirche treffen Ina und ihre Eltern auf Leas Eltern. Jörg hält Lea auf dem Arm. Jörg ist ein guter Freund von Leas Eltern, er soll heute Pate von Lea werden. Lea trägt ein weißes Taufkleid. Das Kleid kennt Ina von Fotos ihrer eigenen Taufe, bei der sie das Kleid auch schon trug, genauso wie ihre Mutter und ihre Tante es auch schon getragen haben.

Die Pfarrerin kommt aus der Kirche und begrüßt alle. Gemeinsam betreten sie die Kirche, die Gemeinde wartet in der Kirche auf den Beginn des Gottesdienstes.

Während der Taufe stellen sich die Pfarrerin, Leas Eltern und Jörg um das Taufbecken. Jörg hält Lea über das Taufbecken. Die Pfarrerin gießt Lea vorsichtig dreimal Wasser über den Kopf und sagt dabei: „Lea, ich taufe dich im Namen des Vaters und des Sohnes und des heiligen Geistes." Lea bleibt ganz ruhig, manche Kinder erschrecken sich vor dem Wasser und fangen an zu schreien. Danach wird Leas Taufspruch vorgelesen. Den haben Leas Eltern und Jörg für Lea ausgesucht. Er soll Lea auf ihrem Lebensweg begleiten und zeigt die guten Wünsche, die die Eltern und der Pate für Lea haben. Anschließend wird die Taufkerze angezündet. Leas Eltern haben sie selbst gestaltet. Sie soll für Lea eine Erinnerung an diesen besonderen Tag sein.

Taufsprüche

Ich will dich segnen und du sollst ein Segen sein.

(1 Mose 12,2)

Der HERR ist mein Hirte, mir wird nichts mangeln.

(Ps 23,1)

Wer sich (aber) auf den HERRN verlässt, wird beschützt.

(Spr 29,25b)

Gott ist die Quelle des Lebens.

(nach Ps 36,10)

Denn er hat seinen Engeln befohlen, dass sie dich behüten auf allen deinen Wegen, dass sie dich auf Händen tragen und du deinen Fuß nicht an einen Stein stößest.

(Psalm 91,11)

6 Religionen

Vorab
Thema Islam

Drei Boote haben sich auf hoher See getroffen. Sie haben unterschiedliche Farben und kommen aus unterschiedlichen Richtungen. Sie wenden sich einander zu und verbinden ihre Bordkanten miteinander, erlauben eine Begegnung. Die Mannschaften können sich nun austauschen. Das Treffen wird nur für eine Weile sein, dann geht die Fahrt weiter. Die Boote haben ihr eigenes Ziel. Doch bleibt es noch lange Gesprächsstoff der Mannschaften, wie sie sich begegnet sind, was die anderen gesagt haben, wie Worte und einzelne Waren von hüben nach drüben gewechselt sind. Im je eigenen Heimathafen erzählen die Mannschaften von ihren Erfahrungen.

Diese Allegorie von Lehramtsstudierenden soll deutlich machen, dass es im Religionsdialog nicht darum geht, die anderen zu sich zu ziehen oder sich hinüberziehen zu lassen. Es geht um Austausch über Brücken des Gesprächs. So ist es auch für den Unterricht in der Schule mit anderen Religionen und über andere Religionen sinnvoll: Es geht nicht darum, einen gemeinsamen Minimalkonsens zu zimmern, sondern vielmehr darum, einen Begriff von anderen religiösen Menschen zu bekommen, sich kennenzulernen, Unterschiede und Andersartigkeiten zu erkennen. Nicht um sich abzugrenzen oder anzupassen, sondern um Religion durch Menschen zu erleben, mehr über die Boote der Religionen zu erfahren.

Reden über andere Religionen im RU ist heute Kontakt mit authentischen Personen über Grenzen hinweg. Wir fangen bewusst früh damit an – und folglich ganz elementar. Dabei beachten wir folgende didaktisch-religionspädagogischen Regeln:

Religion in ihrer Praxis und Lebenskraft ist das primäre Thema des Religionsunterrichts. Ein kleines Fenster zur Religion wird geöffnet, ein Ausschnitt, um in die Tiefe zu gehen und genau hinzusehen. Es geht um ein erstes Kennenlernen, dem andere Begegnungen folgen.

Ausgeübte Religion und ihre Zeugnisse brauchen Aufmerksamkeit und Geduld – zum Hinhören, Riechen, Schmecken, Sehen und Fühlen.

Das Fremde ist anders und darf anders bleiben. Eine fremde Geschichte, ein fremdes Ritual, ein fremdes Bild, sie alle haben ihren eigenen Ort. Hier wird nichts „gleichgemacht", sondern es steht je für sich nebeneinander.

Im Nebeneinander lassen sich Brücken bauen – auf einer Basis, die trägt. Denn aufgetragen ist allen Religionen – bei allen Unterschieden – der Friede.

H Moschee und Kirche: Orte des Glaubens

1. Theologische und didaktische Aspekte

In diesem Kapitel soll wieder mit Hilfe von Lea und Kazim, die den Schülern schon aus vorherigen RU PRAKTISCH Bänden bekannt sind, ein Ausschnitt der Religionen genauer betrachtet werden: Als Orte des praktizierten Glaubens stellen Lea und Kazim den Sch eine Moschee und eine Kirche vor.

Mit der Einheit soll den Sch eine Möglichkeit angeboten werden, Erfahrungen mit Orten des Glaubens verschiedener Religionen sammeln zu können.

Hierbei sollen Grenzen zu anderen Religionen nicht verletzt werden, gleichzeitig soll aber auch Raum zur persönlichen Auseinandersetzung gegeben werden.

2. Kompetenzen und Ziele

Die Schülerinnen und Schüler …
- wissen, dass die Moschee ein zentraler Ort islamischen Glaubens ist (Sach-/Wahrnehmungskompetenz)
- kennen Merkmale und Eigenarten einer Moschee (Sachkompetenz)
- entwickeln/festigen einen respektvollen Umgang mit Traditionen und Bräuchen anderer Religionen (soziale Kompetenz)
- nennen wesentliche Merkmale und Eigenarten von Kirchen als Orte des christlichen Glaubens (Sach-/Wahrnehmungskompetenz)
- eignen sich Wissen zur Bedeutung der Kirche als Ort des Glaubens im Christentum an (Sachkompetenz)
- erkennen in den verschiedenen Merkmalen und Eigenarten der Gebetshäuser unterschiedliche Ausprägungen des islamischen und christlichen Glaubens (Transfer)

3. Unterrichtsschritte

a. Eine Moschee von innen

Wenn die Sch die beiden Kinder Lea und Kazim aus den vorherigen Bänden zum Thema Christentum und Islam kennen, kann mit dem Gebetsruf begonnen und die Erinnerung an die entsprechende Einheit geweckt werden.

L lädt die Sch nun ein, an einem bildgestützten Moscheebesuch von Lea und Kazim teilzunehmen:

Parallel zu den Bildern einer Moschee (1) werden die Erklärungen Kazims (2) zu den wesentlichen Elementen, die in einer Moschee zu finden sind, gegeben. Elemente, die den Sch bereits aus vorherigen Einheiten zum Islam bzw. darüber hinaus bekannt sind, können bei den entsprechenden Bildern angesprochen werden.

Erarbeitung: Sch äußern Eindrücke und tragen die erhaltenen Informationen zusammen. Mit Hilfe von (3) (zum Beispiel als OHP-Folie) können die Sch die angesprochenen Elemente in der Zeichnung wiederfinden.

Ergänzend können die Bilder (1) auf grünem Tonpapier unter der Überschrift „Eine Moschee von innen“ um das Arbeitsblatt (3) herum aufgeklebt und beschriftet werden.
Hinweis: Zu der Abbildung kann von L der erklärende Hinweis erfolgen, dass es sich um eine vereinfachte Darstellung einer Moschee handelt, die von vorne offen gemalt ist, um sehen zu können, was sich im Inneren der Moschee befindet.
Hinweis: Vor dem Moscheebesuch sollte L den Sch erklären, dass viele Moscheen keinen eigenen Turm haben, wie es traditionell üblich ist, da dies teuer ist und oft langwierig genehmigt werden muss. Moscheen befinden sich z. T. auch in einfachen Häusern (z. B. alten Lagerhallen), die zu Gebetsräumen umgestaltet werden.

b. Besuch einer Moschee

Vorbereitung: Vor dem Besuch einer Moschee erhalten die Sch den Auftrag, die in den vorherigen Stunden bereits angesprochenen Elemente in der Moschee wiederzufinden. Hierzu kann (1) als Laufzettel verwendet werden. Mit der Klasse kann überlegt werden, wie man sich vor dem Betreten einer Moschee benimmt. Ein erster wichtiger Punkt beim Eintreten ist, dass alle sich die Schuhe ausziehen. Ein zweiter: Muslime vollziehen beim Gebetsgang in die Moschee auch noch eine Waschung. Gemeinsam kann mit den Sch überlegt werden, ob sie sich als Zeichen des Respekts auch vor dem Betreten zum Beispiel die Hände waschen. Dies ist nicht zwingend erforderlich und selbstverständlich ist solch eine Geste (genau wie das Ausziehen der Schuhe) auch keine religiöse Handlung, sie drückt aber Achtung vor dem Fremden aus.

Beim Besuch sollte entsprechend am Anfang ein kurzer Gang zu den Waschanlagen dazugehören (auch wenn sich keiner die Hand wäscht).

In dem Moscheeraum selbst sollten die Sch zunächst Zeit bekommen, ohne Einfluss des führenden Moscheemitglieds den Raum für sich selbst zu entdecken. Dabei kann der Laufzettel (1) eine erste Hilfe sein. Wo ist der jeweilige Einrichtungsgegenstand in der besuchten Moschee zu finden? Sieht er so aus wie der auf dem Foto? Was ist eventuell anders? Sch können ggf. von einem Moscheemitglied noch weitere Aspekte über den jeweiligen Einrichtungsgegenstand erfahren. Vielleicht ist es auch möglich zu hören, wie das Moscheemitglied den Gebetsruf klingen lässt. Manche sind bereit, einen Teil des Gebets vorzuführen (dies alles, wie auch die Frage des Händewaschens, sollte vorher kurz abgeklärt werden).

Festigung: In der Folgestunde nach dem Besuch der Moschee äußern sich die Sch zu ihren Eindrücken und Erfahrungen während ihres Moscheebesuchs. Die Sch können die Gegenstände aus der Moschee in ihrer Eigenart und im Unterschied zur Version von Lea und Kazim malen und die Version der Moscheegegenstände aus ihrer Region auf dem grünen Blatt ergänzen.

c. Eine Kirche von innen

Einstieg/Wiederholung: L stellt Kirchenmodell (s. Band 3, E. Kirche: Ein Haus für viele) auf. Da das Thema Kirche in den Bänden 1 und 2 bereits unter kirchenpädagogischen Aspekten behandelt wurde, wird in diesem Kapitel nur noch in wiederholender Form darauf eingegangen. Sch äußern sich zu den Aspekten, an die sie sich noch erinnern. Alternativ kann auch das Klingen einer Kirchenglocke abgespielt und entsprechende Assoziationen gesammelt werden.

Je nach Kenntnisstand der Sch können die Bilder (4) unterstützend zu den Äußerungen der Schüler eingesetzt werden bzw. in Ergänzung zu der Erzählung (5) als Information für die Sch verwendet werden. Parallel zur Präsentation der Bilder können die Schüler mit verteilten Rollen das Gespräch von Lea und Kazim vortragen.

Die Sch tragen die wesentlichen Einrichtungsmerkmale einer Kirche, die Lea vorgestellt hat, zusammen. Die Ergebnisse können zeichnerisch/schriftlich/mittels Bildern aus Zeitschriften/... dargestellt und auf violettem Tonpapier unter der Überschrift „Eine Kirche von innen" zusammengetragen werden.

d. Besuch einer Kirche

Hinweis: Inhaltlich und methodisch bietet sich der Besuch einer Kirche an. Je nachdem, ob dieser Kirchbesuch im Rahmen einer kirchenpädagogischen Einheit bereits erfolgt ist, und je nach Kenntnis-/Erinnerungsstand der Sch kann auf den Besuch aber auch verzichtet werden. Anregungen zur kirchenpädagogischen Gestaltung eines Kirchenbesuchs s. Band 2 Kapitel Kirche, S. 128 ff.

Wenn eine kirchenpädagogische Einheit bereits erfolgt ist, kann diese dennoch wiederholend aufgegriffen werden, um im Vergleich mit einer Moschee die Merkmale einer Kirche bewusster zu machen.

e. Merkmale und Eigenarten von Moscheen und Kirchen

Einstieg: Sch berichten über ihre Erfahrungen und Eindrücke beim Besuch der Kirche. Hierbei können z. B. auch, je nach Klassenzusammensetzung, die Schilderungen von Sch nicht-christlicher Konfessionen stärker gewichtet und als ergänzende Erfahrungen zu Kazims Äußerungen berücksichtigt werden.

Erarbeitung: Die Sch vergegenwärtigen sich in Partner-/Kleingruppenarbeit noch einmal die wesentlichen Elemente und Eigenarten von Moscheen und Kirchen. Als Hilfestellung können die beiden erstellten Tonpapierplakate zu den Einrichtungen einer Kirche und einer Moschee hinzugezogen werden.

Sicherung: Die Sch bearbeiten AB (6).

f. Die inhaltliche Ausrichtung von Moschee und Kirche

Bisher fand eine Konzentration auf Beobachtbares statt, nun werden die Sch auf Inhalte gelenkt.

Auf einen Impuls von L äußern die Sch Vermutungen, was in Kirche und Moschee der wichtigste Gegenstand sei, und diskutieren die Vorschläge.

Sch lesen im Wechsel (7). Die Sch nennen danach, was nach Lea und Kazim in Kirche und Moschee am wichtigsten ist und schreiben die Stichworte jeweils auf das grüne oder violette Tonpapier: Das Kreuz mit Jesus für Lea und der Koran für Kazim (Hinweis: auch andere Ansichten der Sch bleiben richtig). Dabei kann auf Wissen zur Passion Christi (s. Kapitel F. Tod und Auferstehung Jesu) zurückgegriffen werden.

Erinnerungen werden gesammelt, wie beide Elemente in den besuchten Gebetshäusern ausgesehen haben.

Vielleicht ergibt sich eine eigene Diskussion, sonst kann L den Impuls geben:

„Für Christen ist es wichtig, dass sie durch Jesus von Gott hören. Für Muslime ist es wichtig, dass sie durch den Koran von Gott hören. Könnt ihr euch neben Kirche und Moschee noch andere Orte vorstellen, wo ihr von Gott etwas hören könntet? Erzählt: Was würdet ihr gern von Gott hören, wo würdet ihr es gern hören?"

Dabei sollten die Sch motiviert werden, über die Stichworte Jesus und Koran, Kirche und Moschee hinauszugehen. Ein Gespräch im Sinne des Theologisierens mit Kindern kann sich anschließen. Weihnachten, Taufen, aber auch häusliches Lesen, Gespräche und Natur sind mögliche Themen, die diskutiert werden können. Am Ende können Orte und Szenen des Hörens von Gott gemalt werden (Hinweis: Wenn Muslime in der Religionsgruppe sind, sollte auf Gottesbilder verzichtet werden). Die Raumfrage von Kirche und Moschee findet einen Transfer in die Lebensräume der Sch.

Besuch einer Moschee (a)

1)

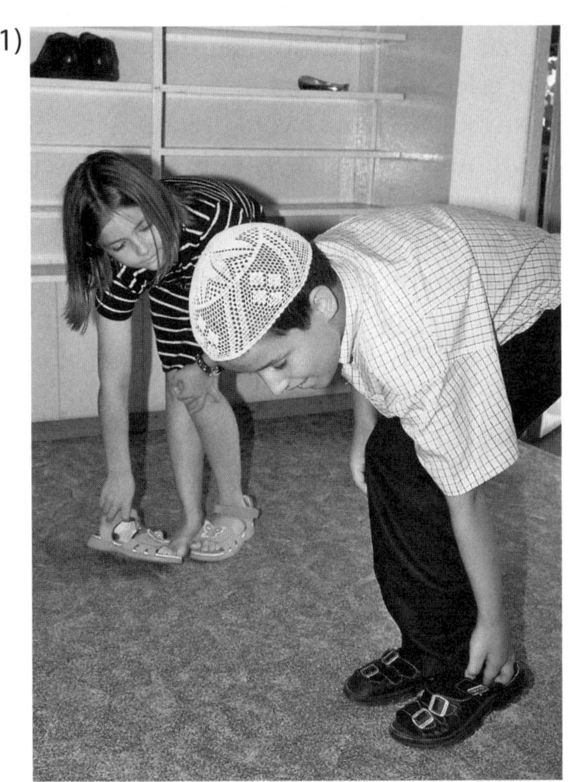

2)

3)

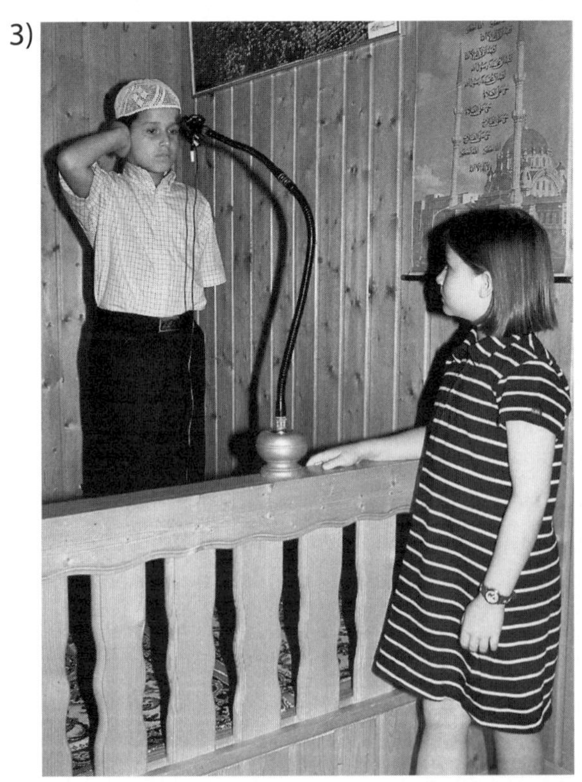

Besuch einer Moschee (b)

4)

5)

6)

Kazim erklärt, was alles in einer Moschee zu finden ist

Zu Bild 1) und 2):
Hinweis: s. Band 1 S. 121
Am Eingang ziehen Lea und Kazim die Schuhe aus. Die beiden betreten einen Waschraum, in dem Kazim zur Vorbereitung auf das Gebet unter anderem Hände und Füße wäscht. Dann treten beide in die Moschee ein.
„Auf dem Teppich geht es sich in Strümpfen einfach gut", stellt Lea fest und Kazim meint: „Wir gehen nicht nur auf dem Teppich, wir sitzen hier auch direkt auf dem Boden, egal ob wir lesen, beten oder zuhören."

Zu Bild 3):
Lea und Kazim gehen zu einer Ecke mit einer kleinen Erhöhung.
Kazim steigt auf die Erhöhung und erklärt:
„Von hier ruft einer aus der Gemeinde der Muslime noch einmal zum Gebet auf, wenn schon alle da sind." Vielleicht kann Kazim in drei, vier Jahren auch einmal zum Gebet aufrufen. Jeder, der eine geeignete Stimme hat und die Worte kennt, darf das, wenn die Moscheegemeinde zustimmt.

Zu Bild 4):
An einer Wand sieht Lea eine Kanzel. Über eine kleine Treppe steigt Kazim hinauf und setzt sich dann hin.
Kazim schaut sich das Buch an, das dort aufgeschlagen liegt. Schon fast alle arabischen Buchstaben kann er entziffern und aussprechen. Von der Kanzel aus wird auch für Erwachsene Unterricht zum Beispiel in Glaubensdingen oder über den Koran erteilt.

Zu Bild 5):
Als nächstes treffen sie den Imam. Er leitet die Gebete in der Moschee und gibt Kazim auch Unterricht. Wenn er das Gebet leitet, steht er in der Nische nicht nur zu den Gläubigen gewandt, sondern in die andere Richtung – zur Wand. Auf diese Weise wissen alle Gläubigen, in welche Richtung sie sich beim Gebet stellen sollen. Kazim sagt: „In die Richtung geht es nach Mekka. Mekka ist unsere wichtigste Stätte."

Zu Bild 6):
Schließlich kommen Lea und Kazim an die Treppe. Von hier aus predigt der Imam am Freitag zu der Gemeinde der Muslime. Auch Mohammed, der Prophet der Muslime, hat auf so einer Treppe gestanden. Es wird erzählt: Je mehr Gläubige zu einer Gruppe dazukamen, desto höher musste die Treppe gebaut werden. Am Ende seines Lebens musste Mohammed 9 Stufen hoch stehen. Daher sind heute die meisten Predigttreppen 9 Stufen hoch.
Lea und Kazim verabschieden sich vom Imam. Der Imam sagt noch: „Macht's gut, ihr beiden. Salam. Gottes Friede sei mit euch."

Darstellung einer Moschee

Das ist der Grundriss einer Moschee. Ordne dem Grundriss die passenden Fotos zu und beschrifte sie.

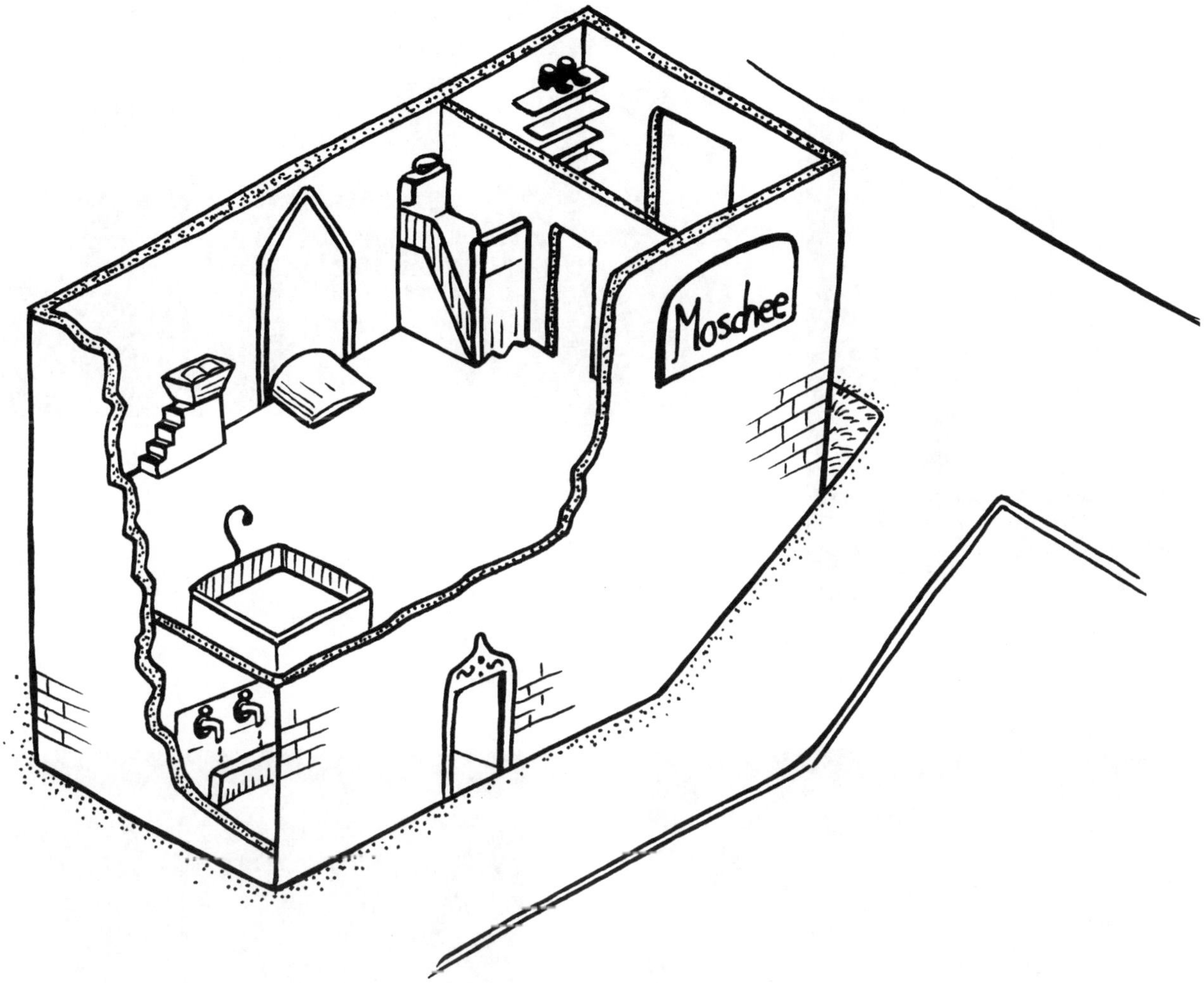

Moschee

Besuch einer Kirche (a)

1)

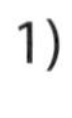

2)

3)

4)

Besuch einer Kirche (b)

5)

6)

7)

Lea erklärt, was in einer Kirche alles zu finden ist

Zu Bild 1) und 2):
Lea und Kazim gehen zusammen zu Leas Kirche. Kazim guckt sich den Raum an und stellt fest: „Da ist kaum Platz auf dem Boden! Alles ist voll mit Bänken. Und hart ist der Boden."
Lea nickt: „Beim Singen und Zuhören sitzen alle auf den Bänken. Zum Beten stehen sie auf."

Zu Bild 3):
Kazim geht nach vorne zum Altar.
Lea erklärt: „Christinnen und Christen haben keine feste Gebetsrichtung, aber im Gottesdienst sind sie in Richtung Altar gewandt. Viele Kirchen sind zur aufgehenden Sonne ausgerichtet. Die aufgehende Sonne mit ihrem goldenen Licht soll an Jesus Christus erinnern."
Kazim zeigt erstaunt auf das Kreuz mit Jesus: „In einer Moschee würde nie ein Mensch abgebildet, schon gar nicht ein toter."
Lea sagt: „Jesus Christus ist wichtig für uns, er hat vielen Menschen geholfen und Geschichten erzählt. Er ist später am Kreuz gestorben. Das Kreuz ist aber nichts Schreckliches für uns. Wir glauben, dass Jesus nicht ein Toter blieb, sondern von Gott auferweckt wurde."

Zu Bild 4):
Neben dem Altar ist eine Kanzel, auf der sonst der Pastor predigt. Beide klettern hinauf und lesen in der Bibel, die dort liegt.

Zu Bild 5):
Die beiden schauen sich das Taufbecken auf der anderen Seite der Kirche an.
Lea erklärt: „Bei Taufen ist das Becken voll Wasser, dann wird ein kleines Kind darüber gehalten und sein Kopf dreimal mit Wasser übergossen. Das Kind gehört dann zu Gott und in die Gemeinde."
Sie zeigt Kazim, wie das Wasser in das Becken hineingegossen wird.

Zu Bild 6):
Hinten in der Kirche sieht Kazim ein riesiges Musikinstrument.
Lea erklärt es ihm: „Auf der Orgel werden im Gottesdienst Lieder gespielt. Durch die Orgelpfeifen werden ganz verschiedene Klangtöne erzeugt. Die Orgel lobt Gott mit ihrem Klang. Der Musiker, der die Orgel spielt, heißt übrigens Organist.

Zu Bild 7):
Schließlich treffen Lea und Kazim den Pastor der Kirche. Er zeigt ihnen die Kerze für den Kindergottesdienst. Er verabschiedet die beiden:
„Alles Gute für euch zwei und Gottes Segen." Lea und Kazim gehen aus der Kirche.
Kazim sagt: „Die Kirche ist voller als unsere Moschee und es gibt Bilder von Menschen und Tieren. Das wäre bei uns nicht möglich."

Merkmale und Besonderheiten von Moscheen und Kirchen

In der Moschee wenden sich alle

Richtung ______________________.

Das gibt es in einer Moschee alles zu sehen:

____

____

____

____

____

____

In einer Moschee sitzt man auf

____

Der Imam __________ auf der Kanzel und

__________ auf der Treppe, wenn er mit

Worten aus dem Koran über Gott spricht.

Bei vielen Kirchen liegt der Altarraum in

Richtung ______________________.

Das gibt es in einer Kirche alles zu sehen:

____

____

____

____

____

____

In einer Kirche sitzt man auf

____

Der Pastor __________ auf der Kanzel,

wenn er mit Geschichten von Jesus über

Gott spricht.

Was unterscheidet uns?

Lea und Kazim sind in der Kirche.
Lea: „Guck mal, das ist Jesus."
Kazim: „Stirbt der gerade?"
Lea: „Ja, seine Feinde haben dafür gesorgt, dass er an ein Kreuz genagelt wurde, und er ist dort gestorben. Aber Gott hat ihn auferweckt, damit alle wissen, dass Jesus zu Gott gehört. Alle können wissen, dass Gott und Jesus verbunden sind. Gott hat sogar mitgelitten, als Jesus gestorben ist. Weil wir wissen, wie die Geschichte ausgegangen ist, macht uns das Kreuz auch froh. Damit wir an Jesus denken, ist es in jeder Kirche zu finden."

Kazim sagt: „Ich glaube nicht, dass Gott leiden kann."
Lea: „So ein Kreuz habe ich bei euch auch nirgends gesehen."
Kazim: „Wir haben keine Kreuze. Ich kenne den Mann auch: Isa heißt er bei uns, das ist arabisch und heißt Jesus, er ist ein Prophet, aber er ist, glaube ich, gar nicht am Kreuz gestorben. Gott hat ihm vorher geholfen, sodass ein anderer gekreuzigt wurde."
Lea: „Ich kenne es so: Jesus wurde gekreuzigt und Gott hat ihn dann auferweckt."

Kazim: „Dafür habe ich bei euch nirgends einen Koran gesehen.
Da steht doch auch Gottes Wort drin. In der Moschee ist er das Wichtigste. Warum ist er bei euch nicht in der Kirche?"
Lea: „Der Koran ist für uns nicht so wichtig. Keine Ahnung, ob da Gottes Wort drin steht. Wir hören durch Jesus Christus von Gott."

7 Projekt Bibel

Die Prophetenbücher: Jona – Ninive soll leben

1. Theologische und didaktische Aspekte

Im Rahmen des Projekts Bibel sollen den Schülern in diesem Kapitel die Prophetenbücher als ein Teil der biblischen Bibliothek näher gebracht werden. Exemplarisch für die Prophetenbücher wird das Buch Jona behandelt.

Es wurde um 400 v. Chr., also nach Israels Rückkehr aus dem babylonischen Exil, geschrieben. Die Lehr-Erzählung („Midrasch") wendet sich an die nachexilische Restgemeinde, die Jahwes Erwählung exklusiv auf sich bezieht, sich innerlich und äußerlich von der sie umgebenden Völkerwelt abgrenzt (Mauerbau um Jerusalem; strenge Einhaltung des Gesetzes unter Esra und Nehemia) und Jahwe zum orts- und zeitgebundenen Nationalgott reduziert, statt ihn als Schöpfer aller Welt zu bezeugen. Dieses Israel verstand sich nicht mehr als „Licht für die Völker" (Jes 42,6), sondern als abweisende Mauer ihnen gegenüber.

Gegenüber solcher Verengung wirbt das Jonabuch für die Einsicht: Jahwes Heilswillen reicht weiter als die eng gewordenen Grenzen Israels, seine Liebe und Barmherzigkeit schließt alle Völker ein.

Mit Jona wird auf eine historische Figur verwiesen (2. Kön 14,23 ff.), die jedoch nicht mit dem Jona identisch ist, der in Jahwes Auftrag nach Ninive gehen soll. Jona ist in der Optik des unbekannten Verfassers der Jedermann in Israel. Ihm wird ein Spiegel vorgehalten:

So wie Jona, jede Gemeinschaft meidend, sich in das Innere des Schiffes zurückzieht und sich Gott und der Welt gegenüber in einen Tiefschlaf begibt, so verhält sich auch Israel gegenüber den anderen Völkern. – Wie Jona bekennt Israel formelhaft und unengagiert seinen Glauben an Jahwe, den Schöpfer der Welt. Wie Jona nichts zur Rettung des Schiffes beisteuert, so unternimmt Israel nichts zur Heilung der Welt.

„Ninive" ist gleichfalls Metapher: Längst ist z. Zt. des Jonabuches die einstige Hauptstadt des Assyrer-Reiches untergegangen; aber noch immer ist ihr Name für die nachexilische Gemeinde extrem negativ besetzt und Inbegriff aller Grausamkeit, Sitten- und Gottlosigkeit. Zur Zeit des Jonabuches aber war „Ninive" überall da, wo Israel aufhörte; „Ninive", war identisch mit der übrigen Welt.

Einzelmotive:
1,1 f.: Ninive-Tarsis: die beiden Städte gelten als die einander diametral gegenüberliegenden Endpunkte der damaligen Welt; Jona flieht also gleichsam *ans Ende der Welt.*
1,5: Jona im Schiffsbauch: Metapher für Mutterschoß.
2,1: Jona im Bauch des Fisches (Verschlingungsmotiv): Das Motiv begegnet in vielen Kulturen. Jona geht durch die verschlingende Tiefe des Mutterschoßes und des Todes. Als Verwandelter wird er an Land gespien = wiedergeboren.
3,2 ff.; 4,11: Ninive, die große Stadt: „drei Tagereisen groß"; „mehr als 120.000 Menschen": Durch Paris läuft man heute entlang der Seine

etwa einen Tag! 120.000 = 12 × 100 × 100 = Symbol der Vollzähligkeit und Fülle, auch der Fülle der Menschen und Völker, die die Erde bewohnen.

Die Jonaerzählung stellt nicht nur die Erfahrungen von Angst und Geborgenheit, von Schuld und Vergebung, von Tod und Wiedergeburt dar, sondern beschreibt auch für Sch nachvollziehbar mit Ernsthaftigkeit und Humor die grundlegende Situation der Menschen vor Gott: Immer wieder stehen sie in Gefahr, sich Gottes Auftrag zu entziehen, ihn für sich zu „pachten“, ihn für einen kleinen berechnenden Oberbuchhalter zu halten etc. Sch können in der Einladung zu weitherziger religiöser Toleranz einen wesentlichen Aspekt des göttlichen Erbarmens entdecken, das an Grenzen nicht haltmacht und mit der prinzipiellen Veränderbarkeit auch der bösesten Menschen und der zerrüttetsten Strukturen rechnet.

Jahwes letztes und erklärtes Ziel ist nicht Vernichtung und Tod, sondern Leben und Neuanfang. Dieser Neuanfang kann in einem „Lebensfest“ seinen Niederschlag finden, das die Schüler als Abschluss miteinander feiern.

Biblisch erzählen

Die Stadt Ninive gilt als Stadt, in der viele Missstände herrschen. Jona weigert sich, den Auftrag Gottes anzunehmen, nach Ninive zu gehen und die Stadt vor ihrem drohenden Untergang zu warnen. Er versucht, sich dem Auftrag Gottes durch seine Flucht ans *andere Ende der Welt* zu entziehen. Als dieser Plan durchkreuzt wird, hofft er im Tod (Meerwurf) Erlösung zu finden. Die wundersame Rettung durch einen Fisch und Jonas Ausspeiung am Ausgangsort seiner Flucht bietet Jona eine zweite Chance, seinen Auftrag zu erfüllen. Danach reagiert Jona verärgert darauf, dass die Stadt Ninive trotz ihrer Einsicht und Reue für ihre Missstände nicht bestraft wird, und fühlt sich bloß gestellt.

2. Kompetenzen und Ziele

Die Schülerinnen und Schüler …
- können die Jonageschichte wiedergeben (Sachkompetenz)
- sind sich des Bildcharakters der Erzählung bewusst und können die vorkommenden Metaphern ansatzweise auflösen (Jona – Wal – Schiff/Matrosen – Ninive …)
- können am Beispiel Jonas die Aufgaben eines Propheten benennen (Sachkompetenz)
- sehen in der Jonageschichte die Zusage Gottes für Leben, Veränderung und Neuanfang und die Absage gegenüber Vernichtung und Tod (Wahrnehmungskompetenz)
- können auf Grund der wahrgenommenen Zusage Gottes für Leben und Neuanfang Bezüge zu ihrer eigenen Lebenswirklichkeit herstellen (Transfer)

3. Unterrichtsschritte

Vorbemerkung: Es wird angeregt, die Jona-Einheit durch die Anlage eines Jonabuches zu begleiten. Das gestaltete Buch nimmt sukzessiv die Lieder, Bilder, Produkte, Ergebnisse etc. der einzelnen Lernschritte auf und bündelt so sichtbar und nachhaltig die gemeinsame Arbeit.

a. Ninive – eine schöne Stadt mit dunklen Seiten

Einstieg: Fantasiereise (1). Anschließend berichten die Sch einander von ihren Bildern, Beobachtungen und Gefühlen.

Erarbeitung: Sch überlegen sich, was eine Stadt zu einer lebens- und liebenswerten Stadt, einer Traumstadt, macht und wie eine Stadt beschaffen sein muss, in der sich auch Kinder wohlfühlen (z. B. Spielplätze, Bäume, Wasser, andere Kinder, Erwachsene mit Verständnis für Kinder etc.).

Sch gestalten auf einem großen Papierplakat gemeinsam eine Traumstadt: Sch besprechen vorher, welche Elemente in ihrer Traumstadt enthalten sein sollen (z. B. Häuser in verschiedenen Farben und Formen, Türme, verschiedenste Spielmöglichkeiten, …), gestalten mit Aquarell-/Wasserfarben die entsprechenden Elemente und kleben diese auf die an der Tafel/Wand befestigte Papierbahn.
alternativ: Die Sch gestalten ihre Traumstadt aus bunten Papierfetzen als Mosaik und heften sie in dem Jonabuch ab.

Lied: Gott liebt diese Welt (2)

Erzählwerkstatt: Die schöne Stadt Ninive (3)

Erarbeitung: Sch spielen Szenen des Rollenspiels (4) in Kleingruppen nach (z. B. zwei Vorleser, die die Rollen vorlesen und zwei Schauspieler, die das Vorgelesene in Pantomime nachspielen).

Sch sammeln in Partner-/Gruppenarbeit Missstände, die in Ninive geherrscht haben, und schreiben sie, wenn schon vorhanden, um ihre als Mosaik gestaltete Stadt Ninive herum bzw. zeichnen jetzt die Stadt Ninive nach ihren Vorstellungen und schreiben dann die Missstände hinzu (nach der Besprechung als Seite im Jonabuch abheften). L gibt ergänzende Information, dass zur damaligen Zeit den Juden die Stadt Ninive als heidnisch, besonders gott- und sittenlos, grausam, kriegerisch und aggressiv galt.

Transfer: Sch überlegen sich, was in ihrer Schule/Stadt nicht gut ist und verändert werden müsste. Sch schreiben dies auf Kärtchen und kleben sie auf die Papierbahn, auf der die Stadt Ninive dargestellt ist.

b. Gottes Auftrag und Jonas Flucht (Jona 1,1 f.)

Einstieg: Erzählwerkstatt: Gottes Auftrag und Jonas Flucht, Szene 1 (5).

Sch überlegen, was für eine Reise Jonas nach Ninive bzw. gegen eine Reise spricht, und stellen sich ihre Ideen gegenseitig vor.

Erzählwerkstatt: Gottes Auftrag und Jonas Flucht, Szene 2 (5).

L zeigt Sch auf OHP eine Landkarte, auf der die Flucht Jonas nachverfolgt werden kann (6). Sch werden sich der räumlichen Lage und Entfernungen des Fluchtwegs bewusst (z. B. mittels Landkarte/Globus, Erzählungen von Sch, die z. B. zum Urlaub schon in einer der Regionen waren, …). Sch lernen Tarsis als Fluchtpunkt, der in der entgegengesetzten Richtung zu Ninive am damaligen *Ende der Welt* liegt, kennen.

Lied: Den Jona schick ich in die Stadt, Strophe 1 (7).

Die Liednoten und der Text werden im Jonabuch abgeheftet.

Transfer: Sch überlegen: Wo/Wann sind wir (wie) Jona? Wie verhalten wir uns bei unangenehmen Aufträgen/in schwierigen Situationen (z. B. wenn wir Aufgaben von den Eltern bekommen, zu denen wir keine Lust haben)? Welche *Tricks* wählen wir, was ist unser *Rettungsboot*? Was denken wir, wenn wir eine Aufgabe bekommen, die wir nicht erledigen wollen?

Zur Sammlung der Sch-Beiträge können die Sch ihr eigenes Rettungsboot falten (8) und darauf ihre *Tricks* schreiben, wie sie versuchen, unangenehmen Situationen zu entkommen. Die *Rettungsboote* können anschließend auf einem großen, blauen Tonpapier gesammelt werden. Später kann jeder Sch sein Rettungsboot in seinem Jonabuch abheften.

Erzählwerkstatt: Gottes Auftrag und Jonas Flucht, Szene 3 (5).

Nach der Erzählwerkstatt auf den Aspekt des Auslosens des Schuldigen eingehen: Ist das gerecht? Kennen Sch auch Situationen, wenn etwas nicht nach Plan gelingt, dass dann ein *Sündenbock* gesucht wird? Welche Bedeutung hat das *Über-Bord-Werfen* aus Sicht der Matrosen (eine Art Menschenopfer, um den ihrer Meinung nach zornigen Gott zu beruhigen) und aus Sicht Jonas (Wunsch, lieber sterben zu wollen, als Gottes Auftrag ausführen zu müssen).

Erarbeitung: Sch entwickeln in drei Gruppen Gestaltungsmöglichkeiten zur Darstellung von Jonas Flucht.
(Pantomime: Wegrennen, verzweifeltes Beten um Rettung im Sturm, …;
Geräusche/Musikinstrumente: Ahoi, tosender Wind, prasselnder Regen, …;
zeichnerischer Darstellung: Gestalten verschiedener Szenen: Jonas Flucht, Jona geht über Bord).

Festigung: Die Arbeitsergebnisse der einzelnen Gruppen werden anschließend zu einer Darstellung der Flucht Jonas zusammenfügt.

Lied: Den Jona schick ich in die Stadt, Strophe 1–2 (7).

c. Jonas Rettung im Fischbauch (Jona 2,1 ff.)

Einstieg: Erzählwerkstatt: Jonas Rettung im Fischbauch, Szene 1 (10).

Wahrnehmungsübung: Während der Erzählung von Jona im Fischbauch sollen sich die Sch so klein wie möglich auf dem Boden/ unter ihren Tischen mit geschlossenen Augen zusammenkauern, wenn möglich noch zugedeckt mit einer Decke und bei der Erzählung der Situation Jonas nachspüren. Ein Sch kauert sich freiwillig mit einer Decke zugedeckt als Jona in die Mitte des Raumes. Nach Abschluss der Erzählung gehen Sch zu „Jona" und legen ihm wortlos behutsam die Hand auf die Schulter und beschreiben, wie sie sich bei der Wahrnehmungsübung gefühlt haben (Angst, Ungewissheit, …). Nachdem die Sch ihre Erfahrungen mitgeteilt haben, wird „Jona" wieder zurückgeholt. „Jona" beschreibt, wie er das Auflegen der Hände empfunden hat. Während der Wahrnehmungsübung und Besprechung sollte auch auf andere mögliche Gefühle eingegangen werden: Fischbauch als schützende Höhle vor dem rauen Seewasser, Gefühl der Geborgenheit in einer Höhle, … Hierbei können z. B. auch Assoziationen zur Körperhaltung angesprochen werden: zusammengerollte Haltung als schützende Position, erinnert an Haltung von Babys im Mutterleib, …

L zeigt Sch die Zeichnung von Jona im Fischbauch (9). Sch beschreiben Eindrücke, wie sich der Jona auf dem Bild fühlen mag (eingeengt, gefangen, hilflos, …)

Sch gestalten die Szene *Jona im Bauch des Fisches* mit Ton und versuchen dabei, die besprochenen Assoziationen zur Körperhaltung Jonas auszudrücken (Jona, der zusammengekauert im Fischbauch wie in einer Höhle liegt: angezogene Beine, Hände umklammern die Knie, Kopf auf den Knien abgelegt, …).

Erarbeitung: L lenkt Aufmerksamkeit der Sch auf Gebet, das Jona im Fischbauch zu Gott gesprochen hat. Sch überlegen sich, was sie Gott in dieser Situation sagen würden/um was sie Gott bitten würden. Sch schreiben einen Gebetstext auf AB (11). Ein großes Papierplakat, auf das der riesige Fisch gezeichnet ist, wird an die Tafel geklebt. Im Bauch des Fisches wird ein großes Loch ausgeschnitten. Dort werden die gesammelten Gebete der Sch eingefügt und anschließend vorgetragen.

Erzählwerkstatt: Jonas Rettung im Fischbauch, Szene 2 (10).

L verweist auf der Landkarte (6) auf die Stelle, an der Jona ausgespuckt wird. Sch überlegen, wie Jona sich fühlt: erleichtert, die unheimliche Situation überstanden zu haben; verwirrt, was mit ihm geschieht; dankbar, dass seine Gebete erhört wurden und er gerettet ist; merkt, dass er seiner Aufgabe nicht entkommen kann; … Klassengespräch über die Landung Jonas an derselben Stelle, an der seine Flucht begann, Sch überlegen sich Deutungsmöglichkeiten: Jona erhält eine neue Chance, seinen Auftrag auszuführen. Sch überlegen, wie sie Gott in dieser Situation wahrnehmen: Gott gibt zweite Chance, verzeiht Jona seine Ablehnung und die Flucht vor seinem Auftrag.

Ideen der Sch werden auf dem Papierplakat außen um den Fisch herum geschrieben.

Sch überlegen sich in Partner-/Gruppengespräch, wann sie sich wie neugeboren fühlen. Welche Kräfte/Erfahrungen verwandeln uns?

Lied: Ich lobe meinen Gott (12)

d. Neue Chancen für Jona und Ninive (Jona 2,11–3,10)

Einstieg: Sch entwickeln Vorschläge, wie die Geschichte weitergehen könnte. Ist Jona nun von seinem Auftrag überzeugt?

Erarbeitung: Sch erarbeiten in Kleingruppen, was Jona zu den Bürgern Ninives sagt, welche Verfehlungen er ihnen vorwirft und wie die Bürger Ninives auf Jonas Rede reagieren. Was können sie besser machen? (als Hilfestellung ziehen die Sch ihre angefertigten Zeichnungen Ninives mit den aufgeführten Missständen in der Stadt hinzu).

Sch spielen sich ihre Ideen gegenseitig vor, dazu wird als Hintergrund noch einmal die Papierbahn mit der gestalteten Stadt Ninive aufgehängt.

Festigung: Die Bürger Ninives haben auf die Warnung Jonas gehört. Sch überlegen, wann sie es in ihrem Alltag mit Warnungen zu tun haben (Warnungen von Eltern, Lehrern, Verkehrsschildern; hier kann auch auf die Zehn Gebote als Warnschilder für gefährliche Situationen in unserem Leben hingewiesen werden.)

Sch gestalten ein eigenes (Verkehrs)Warnschild, auf dem sie eine Situation darstellen, in der sie bereitwillig auf eine Warnung gehört haben bzw. in der sie eine Warnung ausgeschlagen haben. Sch stellen ihre Warnschilder einander vor und tragen Gründe zusammen, warum sie eine Warnung befolgt bzw. ausgeschlagen haben. Anschließend werden die Warnschilder in das Jonabuch geheftet.

Erzählwerkstatt Jonas Bußpredigt in Ninive, Szene 1 (13)

Sch stellen sich vor, dass sie nach Jonas Rede mit einer Kamera durch die Stadt Ninive laufen und in verschiedenen Szenen sehen, wie die Leute reagieren. Wie reagieren die Leute auf der Straße? Wie reagiert der König? Wie reagieren die Kinder? Wie reagieren arme Menschen in Ninive? Sch stellen in Kleingruppen Szenen dar. Von diesen Szenen können Kameraaufnahmen gemacht werden. Deren Ausdrucke können in das Jonabuch abgeheftet werden.

Fortsetzung der Erzählwerkstatt Szene 2 (13)

Erarbeitung: Sch erarbeiten im Gespräch anhand der Erzählung „Was ist Buße?" „Welchen Sinn hat Buße?"

L erläutert Sch in dem Zusammenhang den (biblischen) Ausspruch *in Sack und Asche gehen* (als Zeichen von Trauer und Reue das Tragen eines einfachen Sack-Kleids als Büßerhemd).

Sch tragen auf dem AB (14) in einem Büßerhemd zusammen, was die Niniviten an ihrem bisherigen Leben bedauern, wie sie ihre Reue ausdrücken und was sie in ihrem Leben ändern wollen.

Fortsetzung der Erzählwerkstatt Szene 3 (13)

Lied: Den Jona schick ich in die Stadt, Strophen 1–3 (7)

e. Jona ärgert sich, weil Gott barmherzig ist – und wird beschämt (Jona 4)

Einstieg: Lied: Den Jona schick ich in die Stadt, Strophe 3 (7)

Sch sollen überlegen, wie wohl Jona auf die Rettung Ninives reagiert. Hierzu Verweis auf das Ende der dritten Strophe („...Was ist das Wort des Herrn noch wert, wenn solchem Volk nichts widerfährt?")

Erzählwerkstatt: Jonas Unmut (15)

Zur Veranschaulichung der Erzählung kann ein Sch Jona spielen und parallel zur Erzählung die Handlung darstellen, die übrigen Sch stellen die Bürger Ninives dar: Jona zieht aus Ninive aus; Jona legt sich entspannt unter einen Rizinusbaum (aufgeklappter Regenschirm); Jona ist verärgert über die Rettung Ninives; Bürger Ninives feiern ein Freudenfest, während Jona unter der Hitze leidet (Jona sitzt unter dem zugeklappten Regenschirm, Bürger Ninives tanzen und klatschen aus Freude).

Erarbeitung: Sch äußern sich zur Erzählwerkstatt und arbeiten die gegensätzlichen Stimmungen in der Stadt Ninive und bei Jona heraus.

Lied: Den Jona schick ich in die Stadt, Strophen 1–4 (7) oder Gott liebt diese Welt (2)

Die Sch stellen die Bürger Ninives dar, die Jona, der sie vor dem drohenden Untergang gewarnt hat, nicht vergessen haben. Sch gestalten nach eigenen Vorstellungen eine Einladungskarte (z. B. aus Tonpapier), mit der sie den verärgerten Jona überzeugen wollen, mit ihnen am Freudenfest teilzunehmen. Die Einladungskarten werden vorgestellt und anschließend im Jonabuch abgeheftet.

Lied: Den Jona schick ich in die Stadt (7)

Das offene Ende der Jona-Geschichte lädt die Sch ein, sich Gründe zu überlegen, warum/ob Jona die Einladung zum Freudenfest annimmt oder nicht. Eine Frage, der Sch nachgehen können: „Hat Jona so viel gelernt, dass er das Lied über sich selbst mitsingen würde?"

Abschluss: Mit Hilfe des selbst gestalteten Jonabuchs gehen die Sch den Weg Jonas noch einmal nach. Hierzu können auch die ergänzenden Darstellungsmittel (Papierplakat mit der Stadt Ninive, Fisch auf der Papierwand, ...) verwendet werden.

Fantasiereise

Einstimmung: Die Sch nehmen eine bequeme Position ein und schließen die Augen.

Stell dir vor, du stehst auf einer Sommerwiese, die Sonne scheint, es ist warm. Am Himmel taucht ein bunter Teppich auf, ein Teppich, der fliegen kann.

Der Teppich kommt näher, ganz sanft und leise landet er neben dir und lädt dich zu einer Traumreise ein: Der Teppich trägt dich, wohin du willst. Du kannst darauf sitzen oder liegen, ganz wie du möchtest. Du kannst hoch fliegen oder niedrig, langsam oder schnell …
Gerne lässt du dich einladen. Ganz leise, ganz ruhig schwebt dein Teppich mit dir hinauf zum Himmel. Mit den Wolken ziehst du nach Osten, dorthin, wo morgens die Sonne aufgeht. Unter dir ziehen Dörfer und Straßen vorbei, Felder und Seen, Menschen und Tiere, Meere und Wüsten – klein wie Spielsachen.

Du fliegst nun eine Weile allein auf deinem Teppich. Achte auf alles, was du beobachtest und hörst, was du fühlst und denkst…

(In dieser Stillephase ggf. orientalische Musik einspielen.)

Nach vielen Stunden taucht unter dir eine geheimnisvolle orientalische Stadt auf. Du lenkst deinen Teppich tiefer, um besser sehen zu können:
Bunte Häuser, wie Würfel, ein Stadttor aus blauen Kacheln, goldene Kuppeln, Blumengärten, fröhlich spielende Kinder und feiernde Menschen, fremde Musik und fremde Gerüche, ein buntes Treiben …

(Ggf. noch einmal Musik einspielen)

Nun hast du dir die Stadt eine Weile angesehen. Es wird Zeit, wieder zurückzukehren. Du verabschiedest dich von deiner geheimnisvollen Stadt und kehrst mit dem Zauberteppich hierher zurück.

(Die Sch werden langsam wieder zurückgeholt.)

Lied: Gott liebt diese Welt

(T und M: Walter Schulz 1962/1970)

2. Gott liebt diese Welt.
   Er rief sie ins Leben.
   Gott ist's, der erhält, was er selbst gegeben.
   Gott gehört die Welt!

3. Gott liebt diese Welt.
   Feuerschein und Wolke
   und das heilige Zelt.
   Sagen seinem Volke:
   Gott ist in der Welt!

4. Gott liebt diese Welt
   und wir sind sein eigen.
   Wohin er uns stellt,
   sollen wir es zeigen:
   Gott liebt diese Welt!

Erzählwerkstatt: Die schönen Stadt Ninive

Einstimmung: L berichtet den Sch von einer Traumstadt, die Ninive heißt, in der scheinbar alles wunderbar und schön ist.

Szene 1:
Schöne Stadt mit starken, dicken Stadtmauern und Türmen und großen Stadttoren. – Schöne bunte Häuser mit kleinen Türmen und spitzen Fenstern. – Sehr große Stadt, in der es viel zu sehen gibt: bunte Märkte, viele Menschen und viele Plätze zum Spielen.

Szene 2:
Aber in der schönen Stadt gibt es auch viel Unheil und Böses: viel Diebstahl und Verbrechen herrschen in der Stadt, manche Menschen leben im Überfluss, geben aber den Armen und Hungernden nichts ab. – Bürger von Ninive denken immer mehr nur an sich selbst und merken gar nicht, wie schlecht es in Ninive zugeht. – Die wunderschöne Stadt Ninive droht daran kaputt zu gehen.

Rollenspiel

Szene: Richter und Händler Ali

R.: Hör zu, Ali, morgen am Gerichtstag muss ich dich verklagen, du sollst ein Schaf deines Nachbarn in deinem Stall stehen haben. Es gibt Zeugen!

H.: *(flehend):* Ehrwürdiger Herr Richter, ich sage die Wahrheit, kein fremdes Tier hat je die Schwelle meines Stalles betreten! Vielleicht hat sich ein fremdes Tier verlaufen? *(listig)* Dafür kann ich doch nichts? Außerdem habe ich dir, Allmächtigster und Gerechter, ein knuspriges Lämmchen mitgebracht. *(öffnet seine Tasche, aus der es herrlich nach Braten duftet).* Es wird dir sicher lecker schmecken, besonders morgen, wenn das Urteil gefällt werden soll!

R.: *(schnuppert):* Das riecht gut! Willst du mich etwa bestechen? Hmm! Mir läuft schon vom Geruch das Wasser im Munde zusammen! Wie soll ich morgen wohl deiner geschätzten Meinung nach Recht sprechen?

H.: *(zögernd, stotternd):* – Ach, wenn schon ein fremdes Schaf in meinem Stall sein soll, so kann ich doch nichts dafür. Vielleicht mag es mein Futter lieber?

R.: Du kannst dich morgen auf mich verlassen! Mein Urteilsspruch ist jetzt schon klar, aber dafür lass mir den Braten hier.

Erzählwerkstatt: Gottes Auftrag und Jonas Flucht

Einstimmung:
Jona soll als Prophet nach Ninive gehen und auf die Missstände der Stadt aufmerksam machen.

Szene 1:
Jona soll die Bürger Ninives warnen, damit die schöne Stadt Ninive nicht in all dem Bösen untergeht. – Jona weiß um die Gefahr, dorthin zu gehen und deren Missstände anzuklagen.

Szene 2:
Jona versucht, dem Auftrag zu entkommen. – Er flieht mit einem Schiff von Japho nach Tarsis.

Szene 3:
Während der Fahrt kommt ein starkes Unwetter auf. Das Schiff droht zu kentern. – Matrosen ziehen Lose, um den zu bestimmen, der an dem Unwetter Schuld sein soll. – Los trifft Jona – Jona: „Werft mich über Bord, Gott will mich strafen. Dann muss ich nicht mehr nach Ninive gehen." – Jona hat so viel Angst vor seinem Auftrag, dass er lieber sterben möchte als den Auftrag auszuführen. – Sturm hört auf, nachdem Jona über Bord geworfen wurde.

Jonas Flucht

(auf einer Karte des heutigen Mittelmeerraums)

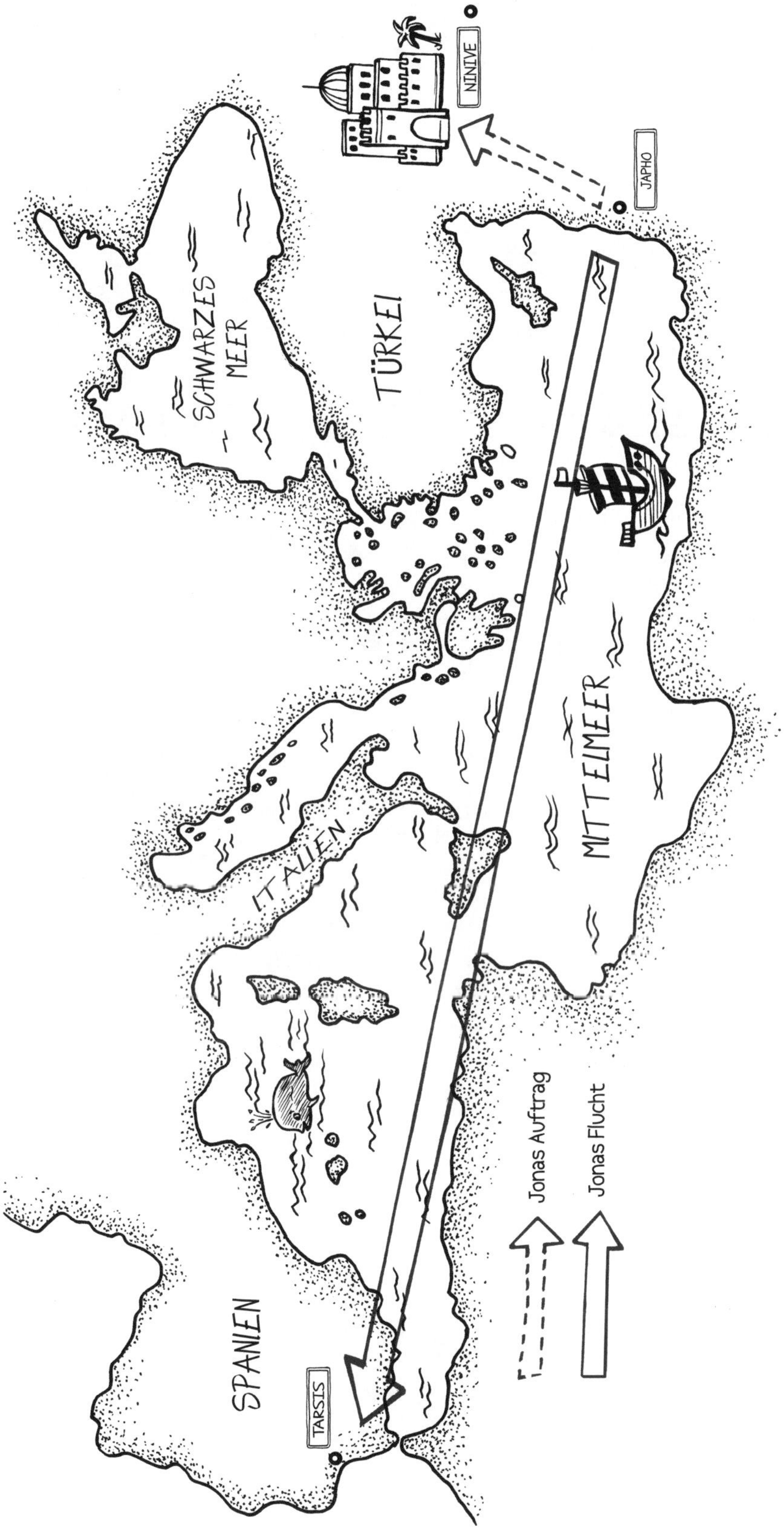

NINIVE
JAPHO
SCHWARZES MEER
TÜRKEI
MITTELMEER
ITALIEN
SPANIEN
TARSIS

Jonas Auftrag
Jonas Flucht

Lied: Den Jona schick ich in die Stadt

(aus: Macht, Siegfried. Noch lange nicht ausgedient. Neue Lieder für Schule und Gemeinde, Strube Verlag, München 1997)

Anleitung zum Schiffsbau

1. Nimm ein Blatt Papier. Klappe die obere Hälfte nach unten.

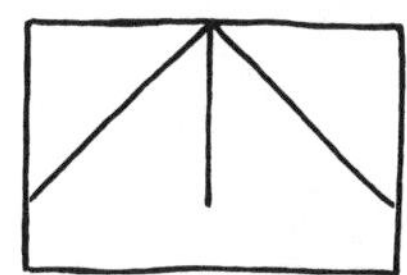

2. Falte die Mittellinie, indem du die linke Hälfte auf die rechte Hälfte legst und wieder entfaltest.
   Falte die obere rechte Ecke bis zur Mittellinie, mache das Gleiche mit der linken Ecke.

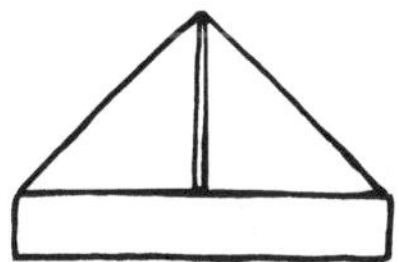

3. Falte den unteren vorderen Streifen an der roten Linie nach oben.

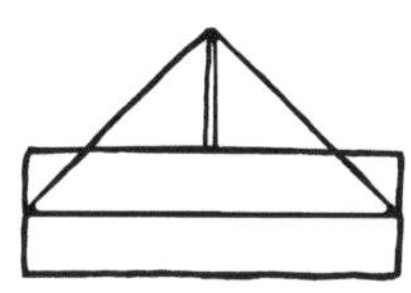

4. Falte dann die beiden überstehenden kleinen Dreiecke rechts und links nach hinten.
   Drehe das Papier um und wiederhole den Vorgang. Es entsteht ein Hut.

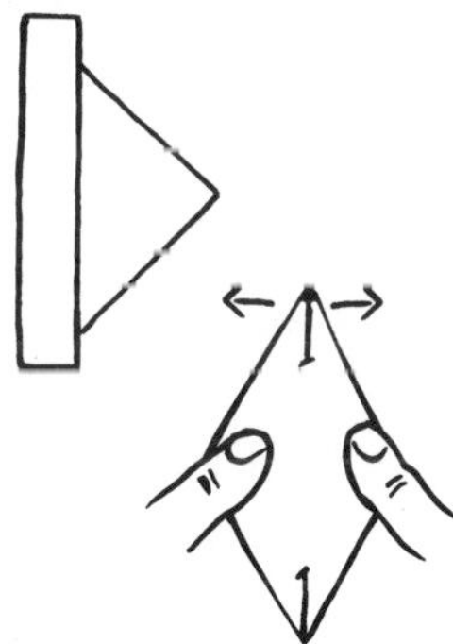

5. Drehe den Hut, sodass die Spitze zur Seite zeigt. Ziehe den Hut so auseinander, dass die obere und die untere Spitze übereinander liegen.

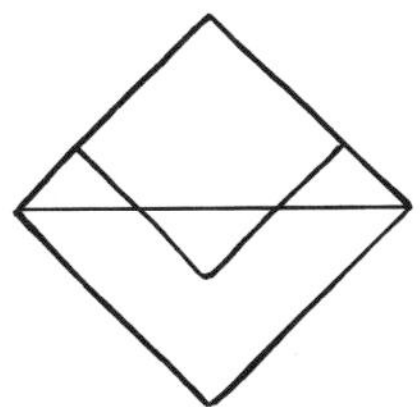

6. Falte das vordere untere Dreieck nach oben, sodass die Spitzen aufeinander liegen. Drehe das Papier um und klappe wieder das untere Dreieck nach oben. Öffne den entstandenen Hut wie in Schritt 5.

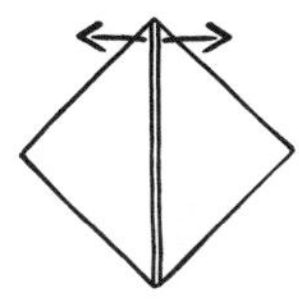

7. Ziehe die oberen Ecken auseinander.
   Dein Schiff ist fertig!

9 Jona im Fischbauch

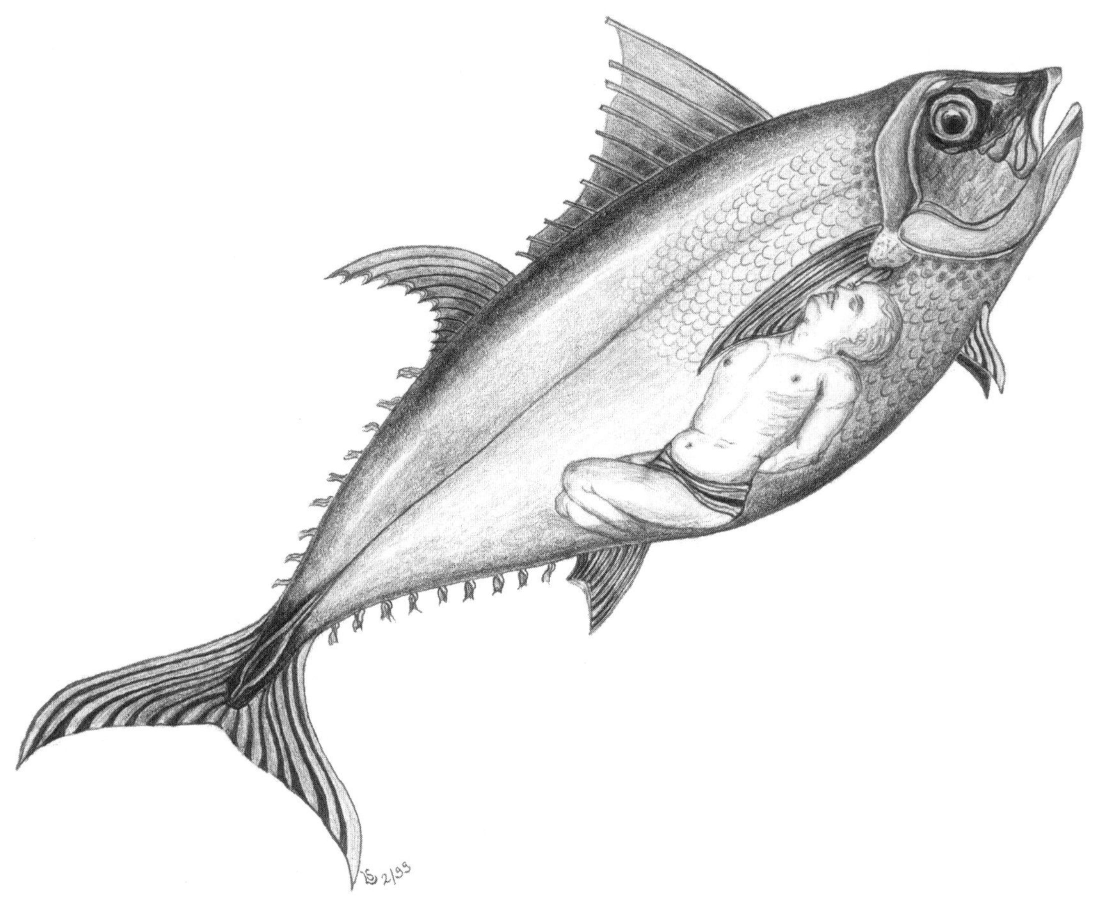

Simone Frieling, Jona im Fischbauch

Erzählwerkstatt: Jonas Rettung im Fischbauch

Einstimmung:
Jona ist von den Matrosen ins stürmische Meer geworfen worden. Er glaubt, dort zu ertrinken und damit auch dem Auftrag Gottes, nach Ninive zu gehen, entkommen zu können. Durch den riesigen Fisch, der Jona verschlingt, wird Jona aber gerettet und erhält eine zweite Chance, nach Ninive zu gehen und seinen Auftrag auszuführen.

Szene 1:
Jona wird von einem riesigen Fisch verschlungen. – Jona hat Angst in dem dunklen, engen Fischbauch und weiß nicht, was mit ihm geschieht. – Jona betet zu Gott um Hilfe. – Fischbauch ist aber auch Geborgenheit und Schutz vor dem Meer.

Szene 2:
Am dritten Tag spuckt der riesige Fisch Jona an Land, genau dort, wo das Schiff zu Beginn seiner Flucht abgelegt hat. – Jona nimmt die erneute Aufforderung Gottes an, nach Ninive zu ziehen.

Jonas Gebet zu Gott

Jonas Gebet zu Gott:

Lied: Ich lobe meinen Gott

(T: Hans-Jürgen Netz 1979 M: Christoph Lehmann 1979)

2. Ich lobe meinen Gott, der mir den neuen Weg weist, damit ich handle.
   Ich lobe meinen Gott, der mir mein Schweigen bricht, damit ich rede.
   Ehre sei Gott …

3. Ich lobe meinen Gott, der meine Tränen trocknet, dass ich lache.
   Ich lobe meinen Gott, der meine Angst vertreibt, damit ich atme.
   Ehre sei Gott …

Erzählwerkstatt: Jonas Bußpredigt in Ninive

Einstimmung:
Jona beschließt nach seiner Rettung aus dem Fischbauch, nach Ninive zu gehen und seinen Auftrag auszuführen.

Szene 1:
Jona kommt nach Ninive und prangert die Missstände in der Stadt an, Menschen sollen von ihrem boshaften Verhalten ablassen und ihr Leben ändern. – Jona warnt die Bürger Ninives, dass ihre Stadt untergehen wird, wenn sie weiter so leben und die Bosheit nicht ablegen.

Szene 2:
König und Bürger Ninives nehmen Jonas Worte ernst, sehen ihr falsches Verhalten ein und bereuen es. – Als Zeichen, dass sich die Niniviten ändern wollen, befiehlt der König von Ninive einen Buß- und Trauertag: Die Bürger Ninives verzichten auf Bequemlichkeiten und Luxus, tragen einfache, schwarze Kleider, essen in Maßen und verzichten auf üppige Festessen, teilen ihr Essen mit denen, die nichts haben, und beten zu Gott.

Szene 3:
Da die Niniviten ihr Handeln bereuen und ihr Leben ändern, bleibt die Stadt bestehen und geht nicht unter. Die Bürger feiern deshalb ein Freudenfest.

Die Buße der Bürger Ninives

Die Bürger Ninives bereuen ihr Verhalten. Schreibe in das Büßerhemd, was die Bürger Ninives alles tun, um zu zeigen, dass sie ihr Leben ändern wollen.

Erzählwerkstatt: Jonas Unmut

Einstimmung:
Jona ist nach seiner Rede aus der Stadt Ninive geflohen, weil deren Untergang drohte. Jona reagiert missmutig und trotzig, als er erfährt, dass Ninive nicht untergegangen ist, obwohl in der Stadt so viel Böses geherrscht hat.

Szene 1:
Nach seiner Flucht aus Ninive setzt sich Jona vor den Toren Ninives unter einen Baum, um von dort dem Untergang Ninives zuzuschauen. – Rizinusbaum schützt ihn vor der heißen Sonne. – Jona ist verärgert und missmutig, als er sieht, dass Ninive nicht zerstört wird und die Bürger einer Strafe für ihr böswilliges Verhalten entkommen.

Szene 2:
Der schattenspendende Baum geht ein und Jona leidet unter der Hitze. – Jona findet es ungerecht, dass die Bürger der Stadt Ninive trotz ihrer Fehler nicht bestraft werden und nun in der Stadt ein Freudenfest feiern, er aber so unter der Hitze leiden muss. – Jona hört Gottes Antwort: „Du jammerst um einen Baum, um den du dich nicht einmal gekümmert hast. Warum kannst du nicht verstehen, dass ich Mitleid mit der Stadt Ninive habe, in der so viele Menschen leben, die ihre Fehler bereuen?"